Joachim Peters
Pestalozzistraße 22
6369 Nidderau 2

D1993154

Evangelische Kirche und freiheitliche Demokratie

Der Staat des Grundgesetzes als Angebot und Aufgabe

Eine Denkschrift der Evangelischen Kirche in Deutschland

Gütersloher Verlagshaus Gerd Mohn

Herausgegeben vom Kirchenamt im Auftrage des Rates
der Evangelischen Kirche in Deutschland

CIP-Kurztitelaufnahme der Deutschen Bibliothek

Evangelische Kirche und freiheitliche Demokratie:
d. Staat d. Grundgesetzes als Angebot u. Aufgabe;
e. Denkschr. d. Evang. Kirche in Deutschland / [hrsg. vom
Kirchenamt im Auftr. d. Rates d. Evang. Kirche in Deutschland].–
3. Aufl., (71.–90. Tsd.). – Gütersloh:
Gütersloher Verlagshaus Mohn, 1986.
ISBN 3-579-01971-6

NE: Evangelische Kirche in Deutschland

ISBN 3-579-01971-6
3. Auflage (71.–90. Tsd.) 1986
© Gütersloher Verlagshaus Gerd Mohn, Gütersloh 1985

Das Werk einschließlich aller seiner Teile ist urheberrechtlich geschützt. Jede Verwertung außerhalb der engen Grenzen des Urheberrechtsgesetzes ist ohne Zustimmung des Verlages unzulässig und strafbar. Das gilt insbesondere für Vervielfältigungen, Übersetzungen, Mikroverfilmungen und die Einspeicherung und Verarbeitung in elektronischen Systemen.

Umschlagentwurf: H. P. Willberg, Vockenhausen
Gesamtherstellung: Clausen & Bosse, Leck
Printed in Germany

Inhalt

Vorwort des Vorsitzenden des Rates der Evangelischen Kirche in Deutschland

Vor vierzig Jahren hat der damalige Rat der Evangelischen Kirche in Deutschland die Mitschuld der evangelischen Christen an dem Leid bekannt, das durch das nationalsozialistische Deutschland über viele Völker und Länder gebracht wurde.

Ein neuer Anfang ist gemacht worden. Die evangelische Kirche hat ihre öffentliche Verantwortung im demokratischen Rechtsstaat bewußt wahrgenommen. Sie legt in dieser Denkschrift Rechenschaft ab über das neue Verständnis des Politischen, das in den vergangenen vierzig Jahren unter den evangelischen Christen in Deutschland gewachsen ist. Gerade aus der klaren Zustimmung zur freiheitlichen Demokratie folgt eine wache Bereitschaft, neue Herausforderungen und Gefahren offen zu erkennen und zu benennen, auch wo Lösungen noch nicht ersichtlich oder umstritten sind.

Christen leben in unterschiedlichen Staatsformen und nehmen darin ihre jeweilige politische Aufgabe wahr. Dies gilt auch für die evangelischen Christen in beiden deutschen Staaten. Mit dieser Denkschrift wendet sich der Rat der Evangelischen Kirche in Deutschland an die Christen in der Bundesrepublik Deutschland und bittet sie, diese Ausarbeitung als Angebot für eine vertiefte Verständigung über die politische Aufgabe in unserem Staat anzunehmen.

Der Rat dankt den Mitgliedern der Kammer für Öffentliche Verantwortung für die Erarbeitung dieser Denkschrift.

Hannover, 1. Oktober 1985

D. Eduard Lohse
Landesbischof

Vorwort des Vorsitzenden der Kammer für Öffentliche Verantwortung

Die Kammer für Öffentliche Verantwortung übergibt dem Rat der Evangelischen Kirche in Deutschland hiermit eine Denkschrift über »Evangelische Kirche und freiheitliche Demokratie. Der Staat des Grundgesetzes als Angebot und Aufgabe«. Bei der Ausarbeitung war die Kammer sich einig in dem Ziel, der Zustimmung zur freiheitlichen Demokratie im Sinne des Grundgesetzes in einer Denkschrift Ausdruck zu geben, die als Ortsbestimmung für das Verhältnis evangelischer Christen zu diesem Staat zu dienen vermag. Auf dem Hintergrund historischer Erfahrungen und angesichts aktueller Herausforderungen soll der Wert einer freiheitlichen demokratischen Verfassung anerkannt und bekräftigt werden.

- Zum ersten Mal erfährt die Staatsform der liberalen Demokratie eine so eingehende positive Würdigung in einer Stellungnahme der evangelischen Kirche. Darin wird über einen bedeutsamen Wandel im evangelischen Verständnis des Staates Rechenschaft abgelegt.

- Die Zustimmung zur demokratischen Staatsform schließt die Überzeugung ein, daß die politische Ordnung weiterhin verbesserungsfähig und verbesserungsbedürfig ist. Schwerwiegende Herausforderungen und Krisen in der Wirklichkeit von Staat und Gesellschaft der Gegenwart verlangen kritische Aufmerksamkeit.

Die Kammer für Öffentliche Verantwortung hat mit dieser Denkschrift ein über ein Jahrzehnt von ihr verfolgtes Vorhaben verwirklicht, dem sie seit dem Abschluß der Denkschrift »Frieden wahren, fördern und erneuern« im Oktober 1981 intensive Beratungen gewidmet hat.

Im Gange der Beratungen sind unterschiedliche Auffassungen über Notwendigkeit und Angemessenheit, Struktur und Gliederung dieser Denkschrift sowie über die Gewichtung von Gefährdungen der Demokratie vertreten worden. Die Denkschrift ist aus einem eingehenden Austausch von Argumenten und Bewertungen hervorgegangen, für dessen Abschluß auch weiterhin bestehende Divergenzen zurückgestellt worden sind.

Das Ergebnis wird dem Rat der Evangelischen Kirche in Deutschland von der Kammer einvernehmlich vorgelegt. Die Kammer bittet den

Rat der EKD, diese Denkschrift als Grundlage für eine weiterführende konstruktive Verständigung in unserer Kirche zu veröffentlichen und für eine geeignete Verbreitung in der evangelischen Christenheit Sorge zu tragen.

München, 9. September 1985 *Prof. Dr. Trutz Rendtorff*

Einleitung

Als evangelische Christen in der Bundesrepublik Deutschland nehmen wir auf vielfältige Weise am Leben und an der Gestaltung unseres demokratischen Staates teil. Daß wir in einem freiheitlichen demokratischen Rechtsstaat leben, ist weithin selbstverständlich geworden. Diese Denkschrift soll über die Zustimmung zu dieser Demokratie und das Eintreten für sie Rechenschaft ablegen. Damit sollen die Glieder unserer Kirche auf den Wert der demokratischen Ordnung für uns Christen hingewiesen und ermutigt werden, sich für das demokratische Gemeinwesen zu engagieren.

Was hier über Staat und Demokratie ausgeführt wird, gilt dem Staat des Grundgesetzes der Bundesrepublik Deutschland. Staat und Demokratie sind nicht eine Angelegenheit allein der Bundesrepublik. Aber uns ist dieser Staat angeboten. In ihm haben wir unsere Aufgaben. Angesprochen sind deshalb die evangelischen Christen als Bürger der Bundesrepublik.

Mit den evangelischen Christen in der Deutschen Demokratischen Republik sind wir in der besonderen Gemeinschaft der Kirche verbunden. Sie leben in einem anderen gesellschaftlichen System und einer anderen Staatsform. Ihren Weg und ihre Aufgaben als Staatsbürger bestimmen sie in ihrer Kirche als einer eigenständigen gesellschaftlichen Kraft für sich selbst, so wie wir es hier für uns tun. Diese Klarstellung mindert nicht den Ernst unserer Überzeugungen. Sie betont die Freiheit zur Verantwortung dort, wohin wir uns als Christen gestellt finden. Zu dieser Freiheit gehört es auch, voneinander zu hören und zu lernen, wie Christen ihre politische Existenz in unterschiedlichen Situationen zu verstehen suchen. Daß Christen insoweit auch unterschiedlich Stellung nehmen, mindert nicht die Verbundenheit in der einen Kirche Jesu Christi.

Es gibt mehrfachen Anlaß zu einer Denk-Schrift über die evangelische Kirche und den freiheitlichen demokratischen Staat.

- Die geschichtlichen Erfahrungen, die uns Deutsche belasten, sind eine bleibende Mahnung. Hitler kam 1933 an die Macht, nicht weil die Nationalsozialisten schon in der Republik von Weimar so zahlreich geworden wären, sondern weil es nicht genug Demokraten gab, die den unschätzbaren Wert der Weimarer Verfassung erkannt hätten und sie zu verteidigen bereit gewesen wären. Dieses Urteil gilt rückblickend auch für den deutschen Protestantismus und die evangelische Kirche. Sie waren nicht unerheblich in den Nationalsozialismus verstrickt. Der kirchliche Widerstand bezweckte im wesentlichen die Wahrung der kirchlichen Unabhängigkeit. Nur vereinzelt lehnten sich Christen gegen das totalitäre Herrschaftssystem auf. Der deutsche Protestantismus und die evangelische Kirche haben danach gewichtige Gründe, ihr Verhältnis zum Politischen und ihr Verständnis von Staat und Gesellschaft neu zu bestimmen. Dies ist in den vergangenen vierzig Jahren auf vielfältige Weise geschehen, z.B. durch Denkschriften und andere kirchliche Worte zu politischen Themen. Doch ist bisher das evangelische Verständnis des Staates unter den Voraussetzungen der freiheitlichen Demokratie in keiner Denkschrift der Evangelischen Kirche in Deutschland ausdrücklich zum Gegenstand gemacht worden.

- Auseinandersetzungen um die richtigen Wege gehören zum Wesen der Politik. Die politischen Streitfragen haben dabei unterschiedliches Gewicht. Gegenwärtig sind besonders schwierige Probleme mit unabsehbarer Tragweite ihrer weiteren Entwicklung im Streit – wie die Friedenspolitik im Zeitalter atomarer Bedrohung, die Umweltpolitik, langfristige Entscheidungen in der Energie- und Rohstoffversorgung angesichts begrenzter Vorräte oder die strukturelle Arbeitslosigkeit im Zusammenhang mit der wirtschaftlichen Nutzung neuer Technologien. Diese Diskussionen führen immer wieder zu der Frage, ob und wie die demokratischen Verfahren geeignet sind, die großen gesellschaftlichen und politischen Herausforderungen der Gegenwart zu bewältigen. Auch werden mit großem Ernst Zweifel daran geäußert, daß Mehrheitsentscheidungen auch in solchen Fällen sinnvoll sind, in denen nur Minderheiten die Folgen zu tragen haben oder in denen unwiderruflich über die Lebensgrundlagen künftiger Generationen verfügt wird.
- Selbstkritisch wird angesichts derartiger Konflikte die Entwicklung unserer Demokratie in den fast vierzig Jahren ihres Bestehens betrachtet. Nach dem Willen des Grundgesetzes hält sie zwar keine Lösungen, wohl aber Lösungswege bereit, die ihre besondere Stärke ausmachen können: Der Streit um den politischen Weg und um die Weiterentwicklung der Demokratie ist nicht nur zugelassen; er soll durch Verfahren zur Organisation der Auseinandersetzung ausdrücklich gefördert werden. Nicht gegen dieses Angebot der Verfassungsnormen wenden sich die Kritiker der bisherigen Entwicklung. Sie beanstanden seine ungenügende Umsetzung in die Verfassungswirklichkeit. Nicht ohne gewichtige Gründe fragen sie , ob unsere Demokratie wirklich weiterentwickelt worden ist oder ob nicht die Kräfte des Beharrens und der Verfestigung bestehender Machtverhältnisse das Übergewicht erlangt haben.
- Solche aktuellen Fragen führen auch in der Kirche und in vielen Gemeinden zu heftigen Auseinandersetzungen. Es wird nach der

Rolle der Kirche in der Demokratie gefragt. Dahinter steht die grundsätzliche Frage, wie sie ihr Verhältnis zur demokratischen Staatsform theologisch beschreibt. Paßt sie sich lediglich der geltenden Staatsform an oder kann sie über ihre Stellung zu unserer Demokratie theologisch so Rechenschaft ablegen, daß sie Distanz und Freiheit zur Kritik stets behält, auch wenn sie aus gegebenem Anlaß Zustimmung äußert? Läßt sie anderen Kirchen in der ökumenischen Gemeinschaft die Freiheit, als Kirche Jesu Christi ihr Verhältnis zur jeweils anderen Staatsform in eigener theologischer Verantwortung zu finden?

– Christen nehmen als Bürger unseres Staates am demokratischen Prozeß mitverantwortlich und mitbetroffen teil. Wie lassen sie sich aus christlicher Überzeugung auf die Aufgaben und auf die spezifischen politischen Strukturen der Demokratie ein? Es ist für unsere Kirche an der Zeit, dazu grundsätzlich und ausführlich Stellung zu nehmen.

Die hier vorgelegte Denkschrift will die Zustimmung evangelischer Christen zur demokratischen Staatsform des Grundgesetzes begründen und ihre Konsequenzen für das Leben als Bürger in unserem Staat erörtern (Teil I). Sie will Grundelemente des freiheitlichen demokratischen Rechtsstaates benennen, an deren Verbindlichkeit die Aufgaben und Grenzen des Staates als Demokratie erkennbar werden können (Teil II). Sie will schließlich die Verwirklichung und Weiterentwicklung der vom Grundgesetz gewollten Staatsform unterstützen angesichts der Herausforderungen der Gegenwart, die zur Diskussion über die Demokratie bis zur Sorge um eine »Krise der Demokratie« geführt haben. In der Wirklichkeit von Staat und Gesellschaft treten Gefährdungen der Demokratie auf, die beim Namen zu nennen und öffentlich zu diskutieren für die Demokratie lebenswichtig ist (Teil III).
Diese Denkschrift beschränkt sich auf Grundfragen der demokratischen Staatsform. Es ist nicht ihre Absicht, alle Fragen aufzugreifen, die heute in der Politik, in Kirche und Gesellschaft diskutiert werden und zu ihnen Stellung zu nehmen. In der Spannung von Verfassungsnorm und Verfassungswirklichkeit geht es ihr um exemplarische Orientierung an den Grundelementen der Demokratie. Diese Selbstbeschränkung hat zur Folge, daß eine ganze Reihe wichtiger Fragen unerörtert bleibt oder nur andeutungsweise behandelt wird.

I. Demokratie im evangelischen Verständnis
Alte Fragen und neue Aufgaben

1. Zustimmung zur Demokratie

Als evangelische Christen stimmen wir der Demokratie als einer Verfassungsform zu, die die unantastbare Würde der Person als Grundlage anerkennt und achtet. Den demokratischen Staat begreifen wir als Angebot und Aufgabe für die politische Verantwortung aller Bürger und so auch für evangelische Christen. In der Demokratie haben sie den von Gott dem Staat gegebenen Auftrag wahrzunehmen und zu gestalten.

- Die evangelische Kirche vertritt aus Gründen des Glaubens heute so wenig wie sie das in der Geschichte getan hat eine abstrakte, allgemeine Staatstheorie. Als in besondere Verantwortung gestellte Glieder der Kirche treten wir aber dafür ein, unsere demokratische Staatsform als ein Angebot an die politische Verantwortung anzunehmen. Wir wollen daran mitwirken, daß der Staat nach menschlicher Einsicht und menschlichem Vermögen auf demokratische Weise dem gerecht wird, was ihm nach Gottes Willen aufgegeben ist.

- Die Demokratie beruft sich nicht auf ein bestimmtes religiöses Bekenntnis. Sie verlangt keine Zustimmung im Sinne eines Glaubensbekenntnisses. Die Präambel des Grundgesetzes sagt, daß das deutsche Volk das Grundgesetz »im Bewußtsein seiner Verantwortung vor Gott und den Menschen« beschlossen habe. Diese Verantwortung vor Gott und den Menschen gilt der in der Verfassung niedergelegten Ordnung der staatlichen Aufgaben. Sie schließt ausdrücklich ein, daß die staatsbürgerlichen Rechte »unabhängig von dem religiösen Bekenntnis« sind (Art. 33 Abs. 3) und daß niemand wegen seines Glaubens oder seiner religiösen Anschauungen benachteiligt oder bevorzugt werden darf (Art. 3 Abs. 3).

- Die klare Unterscheidung zwischen dem geistlichen Auftrag der Kirche und dem weltlichen Auftrag des Staates ist die bleibende Voraussetzung für die Bereitschaft zur Demokratie. Die Kirche Jesu Christi lebt allein in der Bejahung dessen, was Gott für uns getan hat. Die Bereitschaft evangelischer Christen zur Demokratie gilt der besonderen Art und Weise, in der die menschliche Verantwortung für das Politische im freiheitlichen demokratischen Rechtsstaat Gestalt annimmt. Die Unterscheidung von Kirche und Staat entspricht deshalb dem Selbstverständnis der Kirche ebenso wie dem der Demokratie.

- Erst die Unterscheidung zwischen dem Auftrag der Kirche und dem Auftrag des Staates erlaubt und ermöglicht eine positive Beziehung zwischen beiden. Sie bedeutet nicht ein gleichgültiges Nebeneinander. Die Zustimmung zur Demokratie soll sich in der Bereitschaft der Christen zu den spezifischen Verantwortlichkeiten erweisen, die die Demokratie heute für den Auftrag des Staates anbietet und verbindlich macht. Die Freiheit zu dieser Bereitschaft folgt für den Christen aus dem Bekenntnis zu der evangelischen Wahrheit, daß allein Gott ein Anspruch auf unser ganzes Leben zukommt. Damit sind dem Anspruch jedes Staates Grenzen gesetzt. Weil die demokratische Staatsform sich selbst solche Grenzen als verbindlich setzt, kann und soll eine positive Beziehung von Staat und Kirche in der Demokratie auch konkret wahrgenommen und gestaltet werden.

2. Die Demokratie und die Würde des Menschen

Der Staat des Grundgesetzes ist mit seiner demokratischen Verfassung heute Angebot und Aufgabe für Christen, in Mitverantwortung die hier gegebenen politischen Möglichkeiten mit Leben zu erfüllen und zu entwickeln. Gibt es eine besondere Nähe und deswegen auch eine positive Beziehung zwischen den geistigen Grundlagen der demokratischen Staatsform und dem christlichen Menschenbild? Auch wenn es richtig ist, daß der Auftrag des Staates gemäß Gottes Gebot auch in anderen Staatsformen wahrgenommen werden kann und soll, ist es wichtig, Rechenschaft abzulegen über die Elemente, auf die sich eine positive Beziehung der Christen zum demokratischen Staat berufen kann.

- Grundelemente des freiheitlichen demokratischen Staates sind Achtung der Würde des Menschen, Anerkennung der Freiheit und der Gleichheit. Daraus folgt das Gebot politischer und sozialer Gerechtigkeit. Der Gedanke der Menschenwürde ist inhaltlich eine Konsequenz der biblischen Lehre von der Gottesebenbildlichkeit des Menschen als Geschöpf Gottes (Gen. 1,27). Wir bekennen Jesus Christus als den, der die Menschen und damit die Welt mit Gott versöhnt hat. Das Neue Testament lehrt uns, daß Christus stellvertretend für jeden sündigen Menschen sein Leben gegeben hat und für uns vor Gott eintritt. Kirche und Staat haben ihren Ort »in der noch nicht erlösten Welt« (Barmen V), die darum der staatlichen Ordnung bedarf. Der Staat soll die Auswirkungen der Fehlsamkeit des Menschen in Grenzen halten. Aus dem gleichen Grund muß auch die Ausübung staatlicher Macht kontrolliert werden. Die Würde des Menschen als Gabe Gottes ist dabei der Maßstab, den die politische und gesellschaftliche Gestaltung des Gemeinwesens zu achten hat und dem sie nach menschlicher Einsicht gerecht werden muß. In ihr gründet die Berufung des Menschen zu freier Mitverantwortung in der Gestaltung des Gemeinwesens.

- Aus der gleichen Wurzel entspringt auch der Gedanke der Freiheit und Gleichheit aller Menschen, ohne den die Entwicklung zur Demokratie nicht denkbar ist. Wo sich der Gedanke durchzusetzen vermochte, daß es keine Menschen oder Menschengruppen von unterschiedlicher Wertigkeit gibt, konnte es auf die Dauer nicht mehr hingenommen werden, einen Teil von ihnen grundsätzlich von der politischen Herrschaft auszuschließen. Die Wege, auf denen diese Gedanken politisch Gestalt gewannen, sind allerdings nicht identisch mit den Wegen der Kirchengeschichte; sie sind oft außerhalb oder sogar gegen die Kirchen gesucht und gefunden worden; und ihre Herkunft aus ursprünglich christlichen Wurzeln wurde von den Kirchen über lange Zeit verkannt.

- Für Christen ist es wichtig zu erkennen, daß die Grundgedanken, aus denen heraus ein demokratischer Staat seinen Auftrag wahrnimmt, eine Nähe zum christlichen Menschenbild aufweisen. Nur eine demokratische Verfassung kann heute der Menschenwürde entsprechen. Das ist bei aller Unsicherheit in der Auslegung von Verfassungsprinzipien und bei allem Streit um deren politische Gestaltung festzuhalten.

- Auch die Demokratie ist keine »christliche Staatsform«. Aber die positive Beziehung von Christen zum demokratischen Staat des Grundgesetzes ist mehr als äußerlicher Natur; sie hat zu tun mit den theologischen und ethischen Überzeugungen des christlichen Glaubens. Die Christen sind aufgerufen, Leben und Gestaltung dieses Staates in der Richtung, in die seine geistigen Grundlagen weisen, als Teil ihrer christlichen Verantwortung anzunehmen.

3. Das Verhältnis des Protestantismus zum Staat

Was bedeutet die Zustimmung zur demokratischen Staatsform für das Verhältnis der evangelischen Christen zum Staat? Ein geschichtlicher Hinweis auf das theologische Verständnis des Staats soll hier *Kontinuität* und *Korrektur* verdeutlichen.

- Der biblische Glaube blickt auf die Funktion, die politische Gewalten gemäß dem Gebot Gottes wahrnehmen. Der von Gott gegebene Auftrag an jeden Staat ist es demnach, Recht zu schützen, Frieden zu wahren, dem Bösen zu wehren und das Gute zu fördern. Dieses Gebot Gottes privilegiert keine Staatsform als solche; es gibt einen Maßstab an die Hand, um staatliches Handeln gemäß diesem Auftrag zu beurteilen. In der *Kontinuität* dieses biblischen Glaubens ist auch der demokratische Staat zu beurteilen.
- In der christlichen Tradition steht die Ordnungsaufgabe des Staates im Vordergrund. Die Theologie der Reformatoren hat in der Entstehungszeit des modernen Staates dessen Friedensfunktion hervorgehoben und nachdrücklich betont, daß der Staat mit der ihm von Gott verliehenen Autorität unter sündigen Menschen, die zur Bosheit neigen, ein Mindestmaß an Ordnung wahren soll. Aus diesem Grunde sind im Verständnis der Reformation die Menschen dem Staat untertan. Um seine Ordnungsaufgabe nach Gottes Gebot erfüllen zu können, kann und muß der Staat als Obrigkeit in erster Linie Gehorsam verlangen – so wie die Obrigkeit selbst zum Gehorsam vor Gott berufen ist. Eine Pflicht zum Widerspruch und zum (gewaltlosen) Widerstand haben die Reformatoren dann als gegeben betrachtet, wenn der Staat in die Freiheit des Glaubens eingreift. Für die theologische Begründung der Gehorsamsforderung hat die Auslegung des Paulus-Wortes eine entscheidende Rolle gespielt: »Jedermann sei untertan der Obrigkeit, die Gewalt über ihn hat. Denn es ist keine Obrigkeit außer von Gott; wo aber Obrigkeit ist, die ist von Gott angeordnet« (Römer 13,1). Die von Martin Luther bestimmte theologische Tradition hat in der Sündigkeit und Fehlbarkeit des Menschen den wichtigsten Grund für die Erfüllung der ihm nach »Anordnung Gottes« gestellten Aufgabe durch den Staat gesehen.
- Diese theologische Sicht bedeutete schon damals nicht, daß der Staat deswegen jeder Kritik und Einrede durch die Bürger entzogen war. Auch im demokratischen Staat soll die Einsicht in die Sündhaftigkeit und Fehlbarkeit des Menschen weder im Blick auf die regierten Bürger noch auf die jeweils regierenden Bürger unterdrückt oder zum Verschwinden gebracht werden. Im Gegenteil, die Fehlbarkeit der Regierenden ist ein ebenso wichtiges theologisches Thema wie die der Regierten. Sie prägt zugleich das Selbstverständnis des Staates als Demokratie. Denn diese rechnet mit dem Mißbrauch von Macht und Herrschaft durch die Regierenden und alle weiteren Inhaber staatlicher Befugnisse. Begrenzung der Macht und Kontrolle der Machtausübung sind deshalb Grundelemente einer demokratischen Verfassung.

- Aber die Sündhaftigkeit und Fehlbarkeit des Menschen sagt nicht alles über den Auftrag des Staates. Eine solche einseitige theologische Sicht bedarf der *Korrektur;* denn diese Sicht hat in der Kirche zu einer tiefen Skepsis gegenüber der modernen Demokratie bis hin zu ihrer grundsätzlichen Ablehnung geführt. Damit hat sie blind gemacht für die Verantwortungsfähigkeit des Menschen, aus der für Christen die Aufgabe folgt, den Auftrag des Staates mitzugestalten.

- Die demokratische Staatsform setzt die Menschenwürde und das Recht auf Selbstbestimmung voraus. Sie rechnet mit einer eigenen und selbständigen politischen Verantwortung der Bürger für das Gemeinwesen. Der demokratische Staat übt darum seine Funktion als »Obrigkeit« nicht von oben her aus, sondern durch eine Ordnung politischer Herrschaft, die von den Bürgern selbst zu gestalten ist.

- In der evangelischen Kirche wird heute klarer erkannt, daß das biblische Wort von der Obrigkeit, die von Gott angeordnet ist, die Verantwortung der Menschen, aller Bürger geradezu fordert. »Suchet der Stadt Bestes« (Jer. 29,7). Die Zustimmung zur Demokratie schließt evangelische Selbstkritik ein an solchen theologischen Überzeugungen, die sich der Forderung nach politischer Selbständigkeit der Bürger in den Weg gestellt haben. Diese *Korrektur* ruft zugleich dazu auf, unsere eigene evangelische Tradition neu zu verstehen. Die politische Verantwortung ist im Sinne Luthers »Beruf« aller Bürger in der Demokratie.

Mit der Aufgeschlossenheit für die Demokratie gewinnen deswegen auch andere Elemente christlicher Tradition heute wieder neu an Gewicht.

- Der Staat hat keine letzte, absolute Autorität über Menschen. Letzten, unbedingten Gehorsam schuldet der Christ allein Gott: »Man muß Gott mehr gehorchen als den Menschen« (Apg. 5,29). Und im Lichte der kommenden Gerechtigkeit Gottes ist jede menschliche Rechts- und Staatsordnung vorläufig und verbesserungsbedürftig. Aber das Vertrauen auf die Herrschaft des lebendigen Gottes ermutigt uns, die Möglichkeit der Mitwirkung im Staat zu ergreifen und dabei nach menschlicher Einsicht und menschlichem Vermögen Gottes Willen zu erfüllen.

- Für uns ist gerade in den letzten fünfzig Jahren wichtig geworden, daß wir als evangelische Christen aus dem Glauben heraus jedem totalen Anspruch des Staates nicht nur an Christen, sondern an alle Bürger widersprechen und widerstehen müssen. Jede Staatsform ist daran zu prüfen, ob und wie sie Grenzen der Loyalität anerkennt, die der Staat vom Bürger fordert. Die Anerkennung der Religionsfreiheit durch den Staat bildet insofern ein entscheidendes Strukturmerkmal für die wirksame Begrenzung staatlicher Autorität. Es ist heute wichtig zu erkennen, daß der demokratische Staat seine Autorität ausdrücklich begrenzt und welche Regelungen der Verfassung ihn dabei binden. Als Christen können und sollen wir eine demokratische Ordnung, die auf Korrektur und Verbesserungsfähigkeit hin offen ist , zu unserer eigenen Angelegenheit machen und darin den Beruf zu politischer Verantwortung wahrnehmen.

- Wenn wir heute von der nach »göttlicher Anordnung« dem Staat zukommenden Aufgabe (Barmen V) sprechen, dann richtet sich diese »Anordnung« in einer Demokratie in erster Linie an die politische Verantwortung der Bürger, die den Staat bilden. Die Art und Weise, wie der Staat durch die Staatsorgane seine Aufgabe wahrnimmt, ist von der politischen Verantwortung der Bürger abgeleitet; sie ist ihr nicht übergeordnet.
- Charakteristisch für die Geschichte des deutschen Protestantismus ist die Bejahung der jeweils bestehenden Staatsform. Über diese Tradition führt eine positive Bewertung der freiheitlichen Demokratie dadurch hinaus, daß sie auch die gegebene Form der Demokratie daraufhin befragt, an welchen Stellen sie so verändert werden kann, daß Freiheit und Menschenwürde besser gewahrt, daß Gerechtigkeit und Frieden wirksamer gefördert werden können. Um dieser Aufgaben willen trägt auch die christliche Annahme der freiheitlichen Demokratie notwendigerweise den Charakter kritischer Solidarität mit einer verbesserungsfähigen, aber auch verbesserungsbedürftigen Ordnung. Angesichts der gegenwärtigen Belastungs- und Bewährungsproben der Demokratie ist diese kritische Solidarität besonders wichtig.

Mit solchen historischen Klärungen und theologischen Korrekturen ist es uns heute geboten und erlaubt, den demokratischen Staat mit seiner von Gott verliehenen Ordnungsmacht zu verstehen: Er ist die Ordnung, die anzuerkennen und mitzugestalten uns aufgegeben ist.

4. Der Staat als Gemeinschaftsordnung und die Verantwortung von Bürgern

Der Staat ist die Ordnung für das politische Zusammenleben. In ihm verwirklicht sich die politische Gemeinschaftsfähigkeit und -bedürftigkeit des Menschen. Das Ziel einer demokratischen Verfassung ist der

Staat als Aufgabe gemeinsamer Gestaltung durch die Bürger. Sie müssen als Demokraten den demokratisch verfaßten Staat tragen. Die Erfüllung des staatlichen Auftrags wird nach unserer Verfassung durch alle Bürger in Wahlen auf bestimmte Personen und Organe übertragen.

- Als Einzelne sind wir auf politische Gemeinschaft angewiesen. In den Angelegenheiten, die alle Bürger gemeinsam betreffen, bildet der Staat die dauerhafte Organisation, die ihre Handlungsfähigkeit begründet. Im Rahmen dieser Zuständigkeit für das allgemeine Wohl werden dem Staat Aufgaben übertragen. Für das Verhältnis der Bürger zum demokratischen Staat ist die Frage von entscheidender Bedeutung, *wie* die staatliche Aufgabe wahrgenommen wird: Wie haben die Menschen als Bürger gleichberechtigt und gleichermaßen gefordert an der Gestaltung des politischen Zusammenlebens teil?

- Der demokratische Verfassungsstaat zeichnet sich dadurch aus, daß er keine völlige Gemeinschaft unter seinen Bürgern verlangt. Schon gar nicht darf der Anspruch erhoben werden, daß alle politisch bedeutsame Gemeinschaftsbildung staatlich organisiert oder allein durch den Staat bestimmt sein muß. Die grundrechtlich begrenzte Demokratie verträgt nicht nur, sondern fördert unterschiedliche Lebensauffassungen, Überzeugungen und Lebensstile. Ihre Anhänger können sich auch selbständig vereinigen. Toleranz ist ein grundlegendes Strukturmerkmal der freiheitlichen Demokratie. Diese erwartet, aber erzwingt nicht ihre Bejahung. Sie setzt allerdings die Respektierung der Form des politischen Gemeinwesens voraus, in der die Unterschiede toleriert, die Gegensätze ausgetragen und ein gemeinsamer politischer Wille gebildet werden kann. Unter dieser Voraussetzung ermöglicht es die freiheitliche Demokratie, mit Differenzen der verschiedensten Art politisch zu leben. So ist der demokratische Staat offen für die Mitverantwortung von Christen und für den Beitrag der Kirche ebenso wie für die Beteiligung andersdenkender Bürger und Gruppen. Auch deswegen ist er ausdrücklich kein »christlicher Staat«.

- Das politische Gemeinwesen kann und soll der Entfaltung der Persönlichkeit Raum lassen und schaffen; es darf legitime Eigeninteressen nicht unterdrücken. Aber im Politischen steht die Gemeinschaftsbezogenheit der Menschen in Spannung zu konkurrierenden Einzelinteressen. Deswegen ist das Leben im Staat darauf angewiesen, daß Menschen auch von sich aus bereit sind, das Gemeinwohl als Grundlage des gemeinsamen Lebens zu bejahen und den Ausgleich der Interessen und Wertvorstellungen zu suchen. Dies ist ein wesentlicher Teil des lebendigen demokratischen Prozesses. In ihm müssen die Interessenkonflikte zu einem politischen Ausgleich gebracht werden. Ein solcher Ausgleich ist nur möglich, wenn nicht nur im Staat, sondern auch in der Gesellschaft Machtbalance besteht. Wo Sonderinteressen unter Ausschluß demokratischer Kontrollen mit den Mitteln wirtschaftlicher Macht oder Verbandsmacht verfolgt und durchgesetzt werden, werden damit die Glaubwürdigkeit und die Wirksamkeit des demokratischen Verfahrens ausgehöhlt.

- Recht und Rechtsprechung im Staat sollen der Gerechtigkeit entsprechen. Der Rechtsstaat ist auf den Grundsatz der »Gleichheit vor dem Gesetz« verpflichtet. Diese rechtliche Gleichstellung aller Bürger verwirklicht sich in einem Rechtswesen, das jedem Bürger sein Recht gewährt trotz oder gerade angesichts der Tatsache, das die Menschen in anderer Hinsicht nicht gleich sind und unter ungleichen gesellschaftlichen Bedingungen leben.

- Der Grundsatz der Gerechtigkeit verpflichtet nach dem Grundgesetz zu einer politischen Gestaltung des Gemeinwesens, durch die einschneidende soziale Ungerechtigkeiten verhindert werden. Deshalb soll der demokratische Rechtsstaat zugleich ein Sozialstaat sein. Vollkommene Gerechtigkeit, wäre sie denkbar, ließe sich politisch nicht erzwingen. Aber der Sozialstaat soll Mittel und Wege zur Verwirklichung möglichst weitgehender Gerechtigkeit suchen. Wo soziale und wirtschaftliche Abhängigkeit Lebenschancen beeinträchtigt, hat der Staat Hilfen zum Ausgleich der Benachteiligung anzubieten. Daß der Mensch auf die Gemeinschaft angewiesen ist, verpflichtet das Gemeinwesen zur Sorge um die wirtschaftliche und soziale Wohlfahrt aller. Die Macht des wirtschaftlich Starken darf nicht die berechtigten Interessen des Schwächeren beiseitedrängen. Wirtschaftliche Macht ist deshalb im Interesse der Freiheit des Einzelnen und des Gemeinwohls zu kontrollieren und zu beschränken. Auch darin wirkt sich die soziale Verpflichtung aus, die mit der Wahrnehmung politischer Verantwortung im demokratischen Rechts- und Sozialstaat untrennbar verbunden ist.

5. Politische Macht und demokratische Legitimität

Macht ist unverzichtbar, damit der Staat seinem Auftrag nachkommen kann. Zugleich haben die Bürger und besondere Institutionen die Aufgabe, Macht zu kontollieren. Demokratie ist ohne Kontrolle und Balance der Macht undenkbar. Deshalb ist es notwendig, danach zu fragen, wie diejenigen, denen staatliche Macht anvertraut ist, mit ihr umgehen. Wenn sie nicht das Vertrauen der Bürger gewinnen, kann die demokratische Staatsform nicht bestehen.

- Der Staat ist verpflichtet, das Leben seiner Bürger vor Gewalt zu schützen. Zur Wahrung politischer Freiheit und des Rechts muß er seine Machtmittel einsetzen, um Angriffen auf das Recht und die staatliche Ordnung, dem Terror und der Zerstörung des politischen Gemeinwesens entgegenzutreten. Die Machtmittel des Staates sind rechtlich begrenzt. Aber die staatlichen Schutzaufgaben müssen auch getragen sein von Zustimmung zur staatlichen Ordnung. Auf bloßen äußeren Zwang und auf Gewalt läßt sich kein Gemeinwesen dauerhaft gründen.

- Im Interesse der Vertrauenswürdigkeit wird im demokratischen Staat zum einen die Macht durch verschiedene Institutionen kontrolliert. Das Rechtswesen gewährleistet die Einhaltung der Gesetze und wacht somit über die Einhaltung der Grenzen der Macht. In Wahlen hat der Bürger die Möglichkeit, politische Macht zu vergeben und zu entziehen. Den Parteien, die um die Macht kämpfen, ist selbst eine demokratische Struktur auferlegt. Eine besondere Rolle für die Kontrolle der Macht spielt das freie Funktionieren der Öffentlichkeit. Versammlungsfreiheit, Demonstrationsrecht, die Möglichkeit von Betroffenen, Bürgerinitiativen zu bilden, sind dafür wesentlich. Besonders die Freiheit und Unabhängigkeit der Medien (Presse, Funk, Fernsehen) sollen in unserem Zeitalter der Massenkommunikation eine Öffentlichkeit gewährleisten, die ihren Namen verdient. Den Medien sind dabei selbst Machtpositionen erwachsen, die zum Mißbrauch führen können. Auch sie bedürfen deshalb der demokratischen Kontrolle durch Aufsichtsgremien, durch zweckentsprechende Einrichtungen ihrer inneren Struktur, aber auch durch Regelungen, die Pluralität sichern oder wiederherstellen.

- Das demokratische Gemeinwesen braucht zum anderen vertrauenswürdige Repräsentanten, also verantwortliche Frauen und Männer, die Führungsaufgaben so verläßlich wahrnehmen, daß die Bürger sich an Person und Position orientieren können. Der Kampf um den Erwerb und die Erhaltung von politischer Macht ist ein notwendiges Element im politischen Prozeß. Politiker müssen dabei das Vertrauen bei den Bürgern erwerben. Der demokratische Staat ist darauf angewiesen, daß Politiker sich an ethischen Maßstäben messen und von anderen darauf ansprechen lassen. Hier wird es stets neben Anerkennung überzeugender Beispiele ein großes Maß an Zweifeln und enttäuschten Erwartungen geben. Politiker sind Menschen wie alle anderen auch. Die Bereitschaft, politische Verantwortung stellvertretend zu übernehmen und Macht auszuüben, schließt deshalb ein, sich der öffentlichen Kritik zu stellen.

- Von den Bürgern wird wie in jedem Staat so auch im demokratischen Rechtsstaat die Beachtung und Befolgung der Gesetze gefordert. Das bedeutet jedoch keinen unbedingten und vor allem keinen unkritischen Gehorsam. Die notwendige Grundlage für den Gehorsam der Bürger im demokratischen Staat ist das Vertrauen, daß die Institutionen der Verfassung und die Regeln des politischen Verfahrens den Weg zu Korrekturen offenhalten und der Selbstherrlichkeit politischer Macht eine Fessel anlegen. Dazu gehört, daß die Übertragung stellvertretender politischer Verantwortung und Herrschaft durch freie Wahlen verbindlich geregelt ist und daß das Rechtswesen intakt ist. Die politische Form entscheidet hier über den Unterschied von Freiheit und Unfreiheit, von Diktatur und Demokratie. Diese freiheitliche demokratische Staatsform zu respektieren und zu bewahren ist deshalb der Beitrag, den jeder Bürger zur Vertrauenswürdigkeit unseres Staates erbringen soll.

- Die politische Auseinandersetzung einschließlich der Kritik an der Regierung ist in der Demokratie ein konstruktives Element des politischen Lebens. Die Ablösung der Regierung gehört zur politischen Normalität. Jede politische Gruppe darf um öffentliche Zustimmung werben und hat die Chance, durch Ablösung der Regierung selbst die Macht zu gewinnen. Aus diesem Grunde hat das Widerstandsrecht in einem demokratischen Rechtsstaat eine andere Bedeutung als in anderen Staatsformen. Die Demokratie stellt vielfältige Möglichkeiten bereit, Veränderungen im Namen der Vernunft und des Rechtes durchzusetzen. Aus dieser Eigenart der freiheitlichen Demokratie ergibt sich ein Recht zum Widerstand nur gegen den, der es unternimmt, die Ordnung des Grundgesetzes zu beseitigen, sofern eine andere Abhilfe nicht möglich ist (Art. 20 Abs. 4 GG). Dies ist ein Widerstandsrecht zugunsten der Ordnung des Grundgesetzes, nicht gegen sie.

- Eine andere Frage ist das Widerstehen des Bürgers gegen einzelne gewichtige Entscheidungen staatlicher Organe, wenn der Bürger die Entscheidung für verhängnisvoll und trotz formaler Legitimität für ethisch illegitim hält. Wer nur eine einzelne politische Sachentscheidung des Parlaments oder der Regierung bekämpft, will damit nicht das ganze System des freiheitlichen Rechtsstaats in Gefahr bringen. Sieht jemand grundlegende Rechte aller schwerwiegend verletzt und veranschlagt dies höher als eine begrenzte Verletzung der staatlichen Ordnung, so muß er bereit sein, die rechtlichen Konsequenzen zu tragen. Es handelt sich dabei nicht um Widerstand, sondern um demonstrative, zeichenhafte Handlungen, die bis zu Rechtsverstößen gehen können. Die Ernsthaftigkeit und Herausforderung, die in solchen Verstößen liegt, kann nicht einfach durch den Hinweis auf die Legalität und Legitimität des parlamentarischen Regierungssystems und seiner Mehrheitsentscheidungen abgetan werden. Zum freiheitlichen Charakter einer Demokratie gehört es, daß die Gewissensbedenken und Gewissensentscheidungen der Bürgerinnen und Bürger gewürdigt und geachtet werden. Auch wenn sie rechtswidrig sind und den dafür vorgesehenen Sanktionen unterliegen, müssen sie als Anfragen an Inhalt und Form demokratischer Entscheidungen ernstgenommen werden.

6. Christen in der Demokratie

Im Gehorsam gegen Gottes Gebot sollen Christen aus der Freiheit des christlichen Glaubens heraus dazu beitragen, daß der Staat als Demokratie seinem Auftrag gerecht werden kann. Haben Christen eine besondere Verantwortung im demokratischen Staat?

- Nach evangelischem Verständnis gehört die politische Existenz des Christen zu seinem weltlichen Beruf. Christliche Bürger sind deswegen hier nach ihrer Berufserfüllung gefragt. Im Beruf kommen nach evangelischem Verständnis seit Luther eine weltliche Aufgabe und die Verantwortung vor Gott zusammen. Der weltliche Beruf kann dem Christen nicht gleichgültig sein, weil er etwa mit seinem Glauben nichts zu tun hätte. Auch im weltlichen Beruf sind wir von Gott beansprucht. Denn er ist ein Ort, an dem die Nächstenliebe geübt werden soll, die danach fragt, was dem Nächsten und der Gemeinschaft dient und nützt. Der Ruf zur Nächstenliebe fordert also sehr nüchtern auch die Bereitschaft zur Übernahme politischer Verantwortung. Im Gehorsam gegen Gottes Gebot und in der Feiheit des Glaubens soll der Christ im Beruf nicht nach dem besonderen Ansehen der Christen suchen, sondern sich bereitfinden, Verantwortung zu übernehmen, wo dies von ihm erwartet wird. In diesem Sinne enthält die Demokratie die Aufforderung zu einer Erneuerung und einer Erweiterung des Berufsverständnisses auf allen Ebenen des politischen Gemeinwesens.
- In der Demokratie ist der primäre Ort, an dem der weltliche Beruf im politischen Leben wahrgenommen wird, die Wahl. Zur verantwortlichen Wahrnehmung dieses Berufs gehört es, das Wahlverhalten

davon bestimmt sein zu lassen, daß die Wähler die Folgen der Wahl zu tragen haben. Auch wer nicht an einer Wahl teilnimmt, ist für die Folgen verantwortlich. Für die Wahlentscheidung ist neben der Berücksichtigung des Eigeninteresses und politisch-programmatischer Gesichtspunkte auch zu bedenken, daß das parlamentarische System insofern funktionsfähig bleibt, als Mehrheitsbildung möglich und eine wirkungsvolle Opposition gewährleistet wird.

- Gemeinhin zieht die »große« Politik die öffentliche Aufmerksamkeit auch in der Kirche auf sich. Aber es bedarf auch vieler »kleiner« politischer Verantwortlichkeiten, damit ein Staat auf demokratische Weise lebendig bleibt. Viele oft unscheinbare Aufgaben politischer Verantwortung kommen selten ins Licht der Öffentlichkeit. Die Bereitschaft, an ihnen mitzuwirken, sollten Christen darum ebenso zu ihrem politischen Beruf rechnen wie die aufmerksame Teilnahme und aktive Mitwirkung an der »großen« Politik.

- Christen, die sich politisch engagieren, können allerdings keinen besonderen Status in Anspruch nehmen und als Christen keine privilegierte Rolle innehaben; es gibt in der Politik keine Sonderrechte für Christen. Weder die Berufung auf das christliche Gewissen noch die Berufung auf den Glauben kann einen Sonderstatus begründen, der zur bevorzugten Berücksichtigung einer politischen Überzeugung führen müßte. Wer sich als Christ aktiv am politischen Leben beteiligt, hat wie jeder andere Bürger die Regeln des demokratischen Prozesses zu achten und muß sich genauso wie alle der politischen Auseinandersetzung und Kritik stellen.

- Dürfen aus dem Christsein in der Politik auch keine besonderen Ansprüche abgeleitet werden, so gilt doch, daß von Christen in der Politik Besonderes erwartet wird: Sie sollen in bestimmten Fragen besonders sensibel sein, vor allem, wo es um das Eintreten für Schwache geht; sie sollen die von ihnen erkannte Wahrheit über den persönlichen politischen Ehrgeiz stellen.

- Die Predigt der Kirche richtet sich an alle Christen und darüberhinaus an alle Menschen im politischen Leben. Auch die Predigt unterliegt der Kritik. Ihre Aufgabe ist es nicht, ein eigenes politisches Programm zu verkündigen, wohl aber politische Programme darauf zu befragen, wie sie sich mit dem Gebot Gottes vertragen. In Streitfragen müssen sich Autorität und Kompetenz aller, die sich an der Auseinandersetzung beteiligen, im kritischen politischen Prozeß bewähren. Aber Christen sollten dazu beitragen, daß Sachfragen nicht kurzerhand in einem Kampf um Macht und Erfolg untergehen.

- Die Demokratie ist eine Staatsform, in der ständig politische Auseinandersetzungen stattfinden. Auch und gerade wo das politische Mandat nur über Wahlen erlangt werden kann, spielen Machterwerb und Machterhaltung eine große Rolle. Die Zustimmung zu konkreten politischen Zielen muß immer wieder errungen werden. Der politische Kampf muß in überschaubaren sachlichen Gegensätzen geführt werden. Im politischen Kampf gehen die Parteien nicht selten in Formen miteinander um, die im übrigen bürgerlichen Leben verachtet werden. Wer sich am politischen Prozeß beteiligt, unterliegt der Versuchung, sich allen Argumenten des politischen Gegners zu verschließen. Auch besteht immer die Gefahr, daß Gruppen oder Parteien sich und ihre Auffassungen so mit dem Interesse des Gesamtstaats identifizieren, daß andere demokratische Kräfte sich aus dem Gemeinwesen ausgeschlossen fühlen. Wenn persönliche Herabwürdigung und politische Verunglimpfung von Gegnern aus wahltaktischen Gründen zur politischen Strategie werden, gerät die Demokratie in Gefahr. Christen müssen im politischen Prozeß dazu beitragen, daß die Gegensätze sachlich und fair ausgetragen werden und daß ein Raum gegenseitiger Anerkennung erhalten bleibt, in dem die Politiker einander menschlich begegnen können. Auch in diesem Sinne sollen Christen die Kraft der Liebe in die politische Wirklichkeit einbringen.

- Die Formen, in denen im demokratischen Staat Mehrheiten errungen oder verändert und politische Auseinandersetzungen ausgetragen werden, unterliegen bestimmten Regeln. Die Anerkennung dieser Regeln bedeutet mehr als die Beachtung einer Verfahrenstechnik. Sie gibt der Sachentscheidung ihren Rang und ist zugleich Ausdruck des Respekts zwischen allen Beteiligten. Sich an Regeln zu halten, ist für den Christen innerhalb und außerhalb der Kirche eine Form von Nächstenliebe. Im Umgang mit dem Gegner die Nächstenliebe nicht außer acht zu lassen, liegt in der besonderen Verantwortung von Christen im Beruf des Politischen, sei es in der Rolle des Wahlbürgers, sei es in der des Amtsträgers.

II. Grundelemente des freiheitlichen demokratischen Verfassungsstaates

Die Verfassung stellt den rechtlichen Rahmen dar, innerhalb dessen ein demokratisches Gemeinwesen gelebt, gestaltet und entwickelt werden soll. Im folgenden werden einige Grundelemente des freiheitlichen demokratischen Rechtsstaates unseres Grundgesetzes erörtert, auf deren Verwirklichung sich die christliche Verantwortung bezieht.

1. Demokratie als Rechtsstaat

Freiheit und soziale Gerechtigkeit brauchen zu ihrer Entfaltung das Recht. Deshalb ist der demokratische Staat auf Rechtsstaatlichkeit angewiesen.

- Was für jeden Bürger gilt, das gilt auch und gerade für den Staat und seine Organe: die Verpflichtung zur Rechtsbefolgung. Der demokratische Rechtsstaat verpflichtet darum alle, die in der Ausübung der Staatsgewalt tätig sind, in besonderer Weise zur Wahrung des Rechts. Sie sollen das Recht vor Verfälschung schützen, der Korruption und der Einschüchterung des Bürgers wehren. Der Bürger soll sich an die Gesetze halten, er soll aber auch seine Rechte ungeschmälert in Anspruch nehmen können. Unsere geschichtliche Erfahrung, daß der Rechtsstaat durch Aushöhlung zerstört werden kann, gibt der Bindung des Staates an Recht und Gesetz besonderes Gewicht. Sie ist ein Grundpfeiler der verfassungsmäßigen Ordnung.

- Zwar verlangt der Rechtsstaat, daß die gesetzliche Ordnung nach Wortlaut und Zweck eingehalten wird. Aber das Gemeinwesen leidet darunter, wenn bei den Bürgern und den Amtsträgern das Bewußtsein für den Sinn und den Geist des Rechts und der Gesetze verloren geht. Wenn Grauzonen des Rechts rücksichtslos ausgenutzt werden und das Prinzip »kein Kläger – kein Richter« handlungsleitend wird, kann die Rechtsordnung empfindlichen Schaden nehmen. Der Rechtsstaat bedarf darum einer Ethik der Rechtsbefolgung, sowohl bei Regierenden als auch bei Regierten. Insbesondere ist diese Ethik in Bereichen zu fördern, die ihrer Natur nach für die Rechtsdurchsetzung schwer zugänglich sind.

2. Die Bedeutung der Grundrechte

Die Entwicklung der modernen demokratischen Verfassung ist eng mit der Ausbildung der Menschenrechte verknüpft. Die Menschenrechte sind als Grundrechte in unsere Verfassung, das Grundgesetz, eingegangen.

- Die Grundrechte sind das wichtigste und für den demokratischen Rechtsstaat spezifische Verfassungselement. Als Bestandteil der Verfassung binden Menschenrechte den Staat. Sie sind Richtschnur für die Gesetzgebung wie für die Rechtsanwendung. Sie begrenzen die Staatsmacht mit der Autorität der Verfassung. Grundlage der Menschenrechte ist die Würde der Menschen, deren Schutz das oberste Gebot der Verfassung ist (Art. 1 GG).

- In die Formulierung und Aufstellung von Grundrechten sind grundsätzliche Überzeugungen von der Freiheit und Würde des Menschen eingegangen, aber auch konkrete Erfahrungen mit Staatswillkür und Bedrohung der Freiheit, vor denen die Menschen geschützt werden müssen.

Die wichtigsten Freiheitsrechte im Grundgesetz der Bundesrepublik Deutschland sind das Recht auf freie Entfaltung der Persönlichkeit (Art. 2), die Gleichheit vor dem Gesetz (Art. 3), die Religionsfreiheit (Art. 4), die Meinungs-und Pressefreiheit (Art. 5), die Versammlungs- und Vereinigungsfreiheit (Art. 8 u. 9), die Freizügigkeit (Art. 11), die Freiheit der Berufswahl (Art. 12). Dem Schutz der Persönlichkeit und ihrer Entfaltung dienen andere Grundrechte wie der besondere Schutz von Ehe und Familie (Art. 6) und das Schulwesen (Art. 7). Besonderer Erfahrung mit der Verfolgung durch den nationalsozialistischen Staat trägt das Grundrecht auf Asyl Rechnung (Art. 16). Mit den Grundrechten sind auch Pflichten verbunden, z.B. beim Recht auf Eigentum (Art. 14).

- Alle diese Grundrechte haben ihre Geschichte und ihre spezifische Zielsetzung. Als Artikeln der Verfassung ist ihnen eines gemeinsam: sie fordern vom Staat die Respektierung eines Freiheitsraumes für die Bürger. Vom Grundrecht der Menschenwürde her gesehen gilt unmißverständlich, daß der Staat kein Recht zu unbeschränkter Verfügung über Menschen hat; an der durch das Grundrecht garantierten Freiheit und Selbständigkeit trifft der Staat auf eine für ihn unbedingt verbindliche Grenze.

- Deshalb ist die Religions- und Gewissensfreiheit ein wesentliches Grundelement für den demokratischen Staat. Es verpflichtet ihn zu weltanschaulicher Neutralität. Es verpflichtet ihn aber auch dazu, das politische Gemeinwesen so zu gestalten, daß die Freiheit des Glaubens und des Gewissens zu ihrem Recht und zu ihrer Entfaltung kommen können. Die Gestaltung der Rechtsordnung muß die religiösen Rechte respektieren.

- Damit ist die Möglichkeit von Gewissenskonflikten nicht ausgeschaltet. Das Gewissen kann in Widerspruch zu staatlichen Regelungen und Maßnahmen geraten. Auch ein Handeln unter Berufung auf die Gewissensfreiheit findet am Recht eine Grenze; auch gegen den auf Grundlage eines individuellen Gewissenskonflikts begangenen Rechtsverstoß wendet der Staat seine Gesetze an. Ein solcher Gewissenskonflikt zwingt aber auch die staatlichen Organe zu der gewissenhaften Überprüfung, ob die angewandte staatliche Regelung wirklich erforderlich und verhältnismäßig ist. Keine rechtliche Regelung kann ausschließen, daß ein Gewissen durch Gottes Wort so gebunden ist, daß es in solche Konflikte kommt. Die Kirche wird einem so gebundenen Gewissen ihren Beistand nicht verweigern.
- Die Grundrechte definieren also auch einen Auftrag an den demokratischen Staat. Wie sie die Achtung von Grenzen verlangen, so fordern sie auch, daß der Staat der Verwirklichung der Grundrechte Raum gibt und Gestalt verleiht. Damit sind die Grundrechte auch der Ausgangspunkt für soziale Verpflichtungen des Staates. Er hat dafür zu sorgen, daß die Bürger ihre Rechte auch wahrnehmen können. Die Entwicklung sozialer Rechte folgt aus den grundlegenden Freiheitsrechten. Das ist gemeint, wenn das Grundgesetz davon spricht, daß die Bundesrepublik Deutschland »ein demokratischer und sozialer Bundesstaat« (Art. 20) ist.
- Zu den Rechten des Bürgers treten Pflichten gegenüber der Gesellschaft. In der Tradition unserer Kirche sind die Rechte des Einzelnen aus der Pflicht gegenüber dem Nächsten abgeleitet worden. Nach unserem heutigen Verständnis begründet die Verfassung neben Pflichten des Staates gegenüber den Bürgern und ihnen entsprechenden Rechten auch für sie Pflichten.

3. Gewaltenteilung und Herrschaft auf Zeit

Zwei wichtige Strukturprinzipien für die Ordnung von Herrschaft in der Demokratie sind die Gewaltenteilung und die zeitliche Befristung von Herrschaft.

- Die Aufgabenverteilung zwischen dem gesetzgebenden Parlament, der Regierung und unabhängigen Gerichten hat von ihrer historischen Entstehung her mehrere Wurzeln. Ihre Bedeutung liegt darin, daß die Kontrolle staatlicher Gewalt damit institutionalisiert ist. Dieses Prinzip der Gewaltenteilung ist in die demokratische Verfassung eingegangen. Die gegenseitige Kontrolle der Gewalten soll einen Freiheitsspielraum gewährleisten, der für die Demokratie wesentlich ist. Gewaltenteilung ist ein Element unerläßlichen Mißtrauens gegenüber der politischen Herrschaft, das sehr nüchtern und konkret mit der Neigung zum Machtmißbrauch rechnet und die darin liegende Bedrohung durch Funktionen gegenseitiger Kontrolle aufzufangen sucht. In der Verfassungswirklichkeit sind die Linien der Gewaltenteilung oft anders gezogen. So stehen in der politischen Wirklichkeit weniger Parlament und Regierung einander gegenüber als vielmehr auf der einen Seite die Regierung und die sie tragende parlamentarische Mehrheit, auf der anderen Seite die parlamentarische Opposition. Die Freiheit der Opposition und ihre parlamentarischen Rechte sind darum unerläßliche Garanten für das Funktionieren der Gewaltenteilung. Machtbeschränkend wirken die Medien, wenn sie die Pluralität der Gesellschaft widerspiegeln, und der Einfluß von Verbänden und Interessengruppen, solange nicht einzelne übermächtig werden.

- Im Lichte eines evangelischen Verständnisses des Staates trägt die Gewaltenteilung der Einsicht Rechnung, daß Menschen zum Machtmißbrauch neigen. Gewaltenteilung begrenzt die Macht und ermöglicht Kontrolle und Korrektur. Damit ist nicht alles über die Bedeutung und das Funktionieren der Gewaltenteilung in der Demokratie gesagt, wohl aber etwas über deren inneren ethischen Sinn.

- Politische Herrschaft ist zeitlich befristet, indem das politische Mandat immer nur für eine bestimmte Wahlperiode übertragen wird. Die befristete Übertragung politischer Verantwortung ist ein für die Freiheit der Bürger wesentliches Element der Demokratie. Auf diesem Wege wird der Ausgleich zwischen begrenztem Vertrauen und berechtigtem Mißtrauen, zwischen Herrschaft und Kontrolle gesucht. Indem ein übertragenes Amt zeitlich befristet ist, ist es Auftrag zu endlicher und widerrufbarer Herrschaft. Damit tritt die demokratische Ordnung jeder absoluten, zeitlich wie inhaltlich unbegrenzten Machtausübung entgegen und verhindert solchen Machtanspruch.

4. Die Bedeutung des Repräsentationsprinzips

Politische Verantwortung wird in der Bundesrepublik fast nur nach dem Repräsentationsprinzip übertragen.

– Repräsentative Demokratie heißt, daß die vom Volke ausgehende Gewalt als Mandat auf bestimmte Repräsentanten übertragen wird. Die politischen Repräsentanten sind Stellvertreter des Volkes, das ihnen durch freie und geheime Wahlen politische Verantwortung überträgt. Niemand kann sich selbst zum Repräsentanten ernennen oder durch eigenen Willen und Entschluß solche Verantwortung übernehmen; sie kann ihm nur übertragen und anvertraut werden. Deswegen sind die politischen Repräsentanten auch ständig zur Rechenschaft gefordert. Sie sind gefragt, ob und wie sie die Belange und Lebensinteressen derer wahrnehmen, die sie vertreten. Befugnisse und Würde des politischen Mandates stammen aus der Berufung durch die Wähler.

– Die Repräsentanten haben die verschiedenen und oft divergierenden Interessen der Bürger im Blick auf das Gemeinwohl zu vertreten. Sie sind nicht nur Repräsentanten von Einzelinteressen, sondern zugleich auch für das Gemeinwohl verantwortlich. Deshalb haben sie in der Vermittlung zwischen den Einzelinteressen und dem Gemeinwohl eine eigenständige Verantwortung. Die Einzelinteressen und die unterschiedlichen Standpunkte des Bürgers müssen zur Geltung kommen. Aber sie müssen zugleich so vertreten werden, daß es dabei zum Ausgleich mit den Lebensinteressen aller und dem politischen Gemeinwesen insgesamt kommt. Das ist der politische Sinn der Repräsentation. Aus diesem Grunde gibt es zum Repräsentationsprinzip in der Demokratie grundsätzlich keine praktikable Alternative. Aber das Prinzip der Repräsentation durch gewählte Volksvertreter kann durch Elemente direkter Demokratie ergänzt, korrigiert und erweitert werden, wie das in einigen Verfassungen deutscher Bundesländer auch vorgesehen ist.

– Das Repräsentationsprinzip geht davon aus, daß die politischen Interessen aller Bürger sich im wesentlichen organisieren lassen. Organisierte Interessen können durch Repräsentanten vertreten werden. Wenn aber bei zunehmender Komplexität von Entscheidungszusammenhängen wichtige Fakten und Gesichtspunkte, insbesondere solche, die aus direkter Betroffenheit erwachsen, nicht zureichend zur Geltung gebracht werden, so gerät damit das Repräsentationsprinzip an eine Grenze. Es wird darüber hinaus in seiner Funktion dadurch berührt, daß mit der wachsenden Reichweite politischer Entscheidungen auf allen Ebenen auch die politische Bedeutung der Exekutive, der Regierung wie der Verwaltung, wächst. Es bedarf besonderer Anstrengung der Repräsentanten, damit nicht mehr und mehr die Entscheidungsvorbereitung die tatsächliche Entscheidung bestimmt; die Exekutive würde dadurch von einem Vollzugsinstrument der Politik mehr und mehr zu einer planenden und gestaltenden Macht, die den Sinn und die Kraft des Repräsentationsprinzips schmälert.

- Im politischen Prozeß kommt der Tatsache besondere Bedeutung zu, daß das vom Volke gewählte Parlament, die Legislative, die erste Gewalt im Staate ist, nicht die Exekutive, Regierung und Verwaltung. Einer Einengung der Funktionsfähigkeit des Repräsentationsprinzips durch wachsendes Gewicht der Exekutive ist daher entgegenzuwirken. Es ist eine legitime Funktion von Parteien, Mehrheiten für Gesetze zu beschaffen und die Bildung von Regierungen zu ermöglichen. Aber auch die Opposition und der einzelne Abgeordnete haben unverzichtbare eigenständige Funktionen im parlamentarischen Leben wahrzunehmen. Im Ruf nach einer Reform des Parlaments auf Bundesebene drückt sich die Sorge aus, daß diese Funktionen derzeit nicht zureichend und überzeugend gewährleistet sind. Sie gilt – mit einigem Grund – vor allem den als ungenügend empfundenen Betätigungsmöglichkeiten des einzelnen Abgeordneten. In der parlamentarischen Demokratie, in der Parteien eine wesentliche Verantwortung für die politische Meinungs- und Willensbildung tragen, ist die Zugehörigkeit der Abgeordneten zu parlamentarischen Fraktionen für ihre politische Wirksamkeit und für die Entscheidungfähigkeit des Parlaments unerläßlich. Aber die Anerkennung des Repräsentationsprinzips und das Ansehen der Demokratie können auf die Dauer nicht unbeeinträchtigt bleiben, wenn das Erscheinungsbild des Abgeordneten einzig und allein von seiner Zugehörigkeit zu einer parlamentarischen Gruppierung oder gar durch Abhängigkeit von Interessengruppen bestimmt ist.

5. Das Mehrheitsprinzip und seine Probleme

Alle bisher erörterten Strukturmerkmale der Demokratie spielen eine Rolle, wenn es um die Geltung des Mehrheitsprinzips geht. In der Demokratie muß, wenn politisch gehandelt wird, entschieden werden. Als legitime demokratische Entscheidungen sind in der Regel nur Mehrheitsentscheidungen möglich. Wer für das Gemeinwesen politisch entscheiden und handeln will, muß dafür Mehrheiten gewinnen.

- Das Recht der Mehrheit ist ein begrenztes und an Voraussetzungen gebundenes Recht. Diese Überzeugung ist in der Neuzeit für den freiheitlichen demokratischen Verfassungsstaat konstitutiv. Der Grundrechtskatalog, der auch den Gesetzgeber bindet, ist dafür der deutlichste Ausdruck. Die Menschen- und Grundrechte binden auch die Mehrheit.

- Das Mehrheitsprinzip setzt ferner ein geordnetes Verfahren zur Ermittlung der Mehrheit voraus. Darum ist das Repräsentationsprinzip, nach dem in Parlamenten und parlamentarisch gewählten Regierungen entschieden wird, strikt daran gebunden, daß die Repräsentanten durch freie und allgemeine Wahlen mit zeitlicher Befristung ermittelt werden. Nur wo die Chance besteht, Mehrheiten zu verändern, kann die Mehrheitsregel gelten und akzeptiert werden.

- Entscheidung durch eine Mehrheit macht erforderlich, daß die Freiheit zum öffentlichen Widerspruch garantiert ist. Die Mehrheit kann und darf die Minderheit nicht zwingen, ihren Entscheidungen zuzustimmen. Eine getroffene Mehrheitsentscheidung muß zwar befolgt werden. Dies verbietet aber nicht, ihr zu widersprechen und darauf hinzuwirken, daß diese Entscheidung im Rahmen des rechtlich Zulässigen bei nächster Gelegenheit durch eine andere Mehrheit wieder verändert wird. Insofern schließt die Mehrheitsregel in der Demokratie das Recht der freien Opposition ein.

- Das Gegeneinander von Mehrheit und Minderheit verlangt ein Zusammenspiel in den Regeln, nach denen Mehrheiten zustande kommen. Darum ist bei der Entscheidung nach der Mehrheitsregel der Konsens im Verfahren konstitutiv für eine freiheitliche Demokratie. Das für alle bindende Verfahrensrecht hat sich auf die Regelung des Formalen zu beschränken; es darf keine inhaltlichen Entscheidungen präjudizieren.

- Bei besonders schwerwiegenden und folgenreichen Entscheidungen wird immer wieder und heute besonders lebhaft die Frage diskutiert, ob das Entscheidungsrecht der Mehrheit nicht stärker eingegrenzt werden müsse. Diese Frage ist bei schwer oder gar nicht revidierbaren Entscheidungen nicht neu. Sie hat schon immer zu der Forderung nach möglichst breiter und direkter Zustimmung geführt. Daraus hat sich für manche Entscheidung das Erfordernis qualifizierter Mehrheiten ergeben. Dabei kommt es für die Annehmbarkeit oder auch nur Erträglichkeit der Entscheidung sehr auf das Verfahren an, in dem sie zustande kommen. Wenn Entscheidungen mit weitreichenden Konsequenzen unmittelbar in die Lebensverhältnisse der Bevölkerung eingreifen, muß man sich bemühen, durch eine intensive Beteiligung der Bürger zu klären, ob sie sich verständlich machen lassen und durchgesetzt werden sollen. Eine lebendige Diskussion innerhalb und zwischen den Parteien, aber auch durch den Anstoß von Bürgeriniativen erhöht das Maß der Beteiligung und die

Chance, daß alle wichtigen Gesichtspunkte in den Entscheidungen nicht unberücksichtigt bleiben. Auch die in verschiedenen Kommunal- und Länderverfassungen vorgesehenen Möglichkeiten der Volksbefragung, des Volksbegehrens und Volksentscheids verfolgen zum Teil den Zweck, notwendige Entscheidungen auf eine möglichst breite Basis zu stellen. Besondere Probleme zeigen sich zum Beispiel, wenn eine von der Entscheidung besonders betroffene Minderheit überstimmt wird, etwa bei Standorten für Flugplätze oder Kernkraftwerke. Hierbei ergibt sich das zusätzliche Problem, daß solche Entscheidungen vielfach von der Exekutive getroffen werden ohne Beteiligung des Parlaments.

- Es müssen nicht alle Entscheidungen zentral gefällt werden. Vielfach ist die Reichweite von Entscheidungen begrenzt. Darum können inhaltlich voneinander abweichende Entscheidungen nebeneinander existieren. Zwischen Kommunen, Ländern und dem Bund gibt es deswegen eine Vielzahl unterschiedlicher Entscheidungsebenen mit unterschiedlichen Mehrheiten. Der Föderalismus und die kommunale Eigenständigkeit gehören zur Vielfalt der Demokratie in der Bundesrepublik.

6. Der demokratische Prozeß: Parteien und Öffentlichkeit

Die Öffentlichkeit ist in der Demokratie das Forum der politischen Willensbildung, in den Parteien liegen ihre Zentren. Die Demokratie erschöpft sich nicht in der Organisation des Staates. Die Elemente der demokratischen Staatsform stecken den Rahmen des politischen Lebens ab. Das Angebot an politischer Freiheit hat seinen Preis: nicht Einstimmigkeit ist geboten, sondern Mehrstimmigkeit ist ihr konkretes Lebenselement; nicht Uniformität ist verordnet, sondern Pluralität kann sich entwickeln. »Der Staat« lebt als Demokratie in tagtäglicher, vielstimmiger Kontroverse und Auseinandersetzung. Dem Bedürfnis nach Eindeutigkeit treten die unterschiedlichen, ja gegensätzlichen Deutungen politischer Aufgaben und konkreter Sachfragen in den Weg.
Das Streben nach Einmütigkeit und Eindeutigkeit und das menschliche Verlangen nach Harmonie stehen in Spannung zur Vielfalt und Konkurrenz der Meinungen und dem daher notwendigen politischen Streit. Ihm muß um der Freiheit willen Raum gegeben werden. Die Probleme, die für die politische Willensbildung in einer Demokratie typisch sind, bündeln sich in der Rolle der Parteien und in der öffentlichen Meinung.

- »Die Parteien wirken bei der politischen Willensbildung des Volkes mit« (Art. 21 GG). Der Plural ist entscheidend. Die freiheitliche Demokratie will keinen Einparteienstaat und keine Einparteienherrschaft. Aber sie will auch nicht, daß die Parteien die politische Willensbildung allein bestimmen und beherrschen. In der Verfassungswirklichkeit versuchen demgegenüber die politischen Parteien, alle Felder politischer Willensbildung in ihren Griff und unter ihren Einfluß zu bringen. Die Parteien haben ihren Einflußbereich in weite Lebensbereiche hinein ausgedehnt und damit die Freiräume politischer Willensbildung außerhalb und neben den Parteien eingeengt. Die Klage über den Verlust an Bürgernähe und über die mangelnde Sensibilität der Parteien gegenüber neuen Problemen und neuen Bewußtseinslagen der Bevölkerung wird allenthalben lauter. Die enge, auch finanzielle Verflechtung der Parteien mit Inhabern wirtschaftlicher Macht und mit großen Verbänden, aber auch mit der staatlichen Verwaltung, verstärkt diesen Trend. Es findet ein Zusammenspiel von Führungsgruppen, eine Konzentration wirtschaftlicher und politischer Macht statt, durch das die Freiheit der Bürger und das Leben des Gemeinwesens Schaden leiden können.
- Die Parteien sind ein notwendiger Faktor im Prozeß der politischen Willensbildung. Herrschaft auf Zeit, Wechsel der Mehrheiten, Repräsentation in der Demokratie brauchen als Instrument die Parteien. Sie haben die Verantwortung, ihren Einfluß und ihre Macht an der Funktion zu messen, die sie für das demokratische Gemeinwesen insgesamt ausüben. Innerparteiliche Demokratie und Offenheit für die Interessen der Bürger sind den Parteien von der Verfassung her geboten. Die Art der Erfüllung dieser Aufgaben fordert immer wieder Kritik heraus. Nicht-parteigebundene Bürger haben fast nur auf kommunaler Ebene eine Chance, die politische Willensbildung aktiv mitzugestalten. Die große Zahl von Bürgerinitiativen im Bereich des Umweltschutzes weist darauf hin, daß es den Parteien offenbar nicht hinreichend gelingt, vielleicht auch gar nicht gelingen kann, ein sämtliche Interessen übergreifendes Gesamtinteresse zu verwirklichen. Nicht nur im Umweltschutz füllen Bürgerinitiativen heute teilweise die von den Parteien nicht mehr erreichten Lücken und tragen mit wichtigen Anstößen wirksam zur politischen Willensbildung bei.
- Die Demokratie braucht das Forum einer breiten und informierten Öffentlichkeit, die den Einfluß der Parteien kritisch begleitet und begrenzt. Längst ist die Rolle der öffentlichen Medien wegen ihrer großen Bedeutung für die politische Willensbildung umstritten und umkämpft. Sie können Institutionen wachsamer Kontrolle der

Machtausübung, sie können auch einflußreiche Instrumente der Propaganda sein. Ihre innere und äußere Freiheit und Unabhängigkeit zu gewährleisten, ist deshalb ein konkretes Gebot für die freiheitliche Demokratie. Auch in der öffentlichen Meinung ist Vielstimmigkeit und Pluralität eine Grundbedingung für den demokratischen Prozeß.

7. Demokratie als Herrschafts- und Lebensform

Die Funktionsfähigkeit der freiheitlichen Demokratie ist nicht allein eine Sache des Verfahrens und des staatlichen Handelns. Unserer Verfassung liegen Werte zugrunde. Freiheit, Gerechtigkeit und Solidarität sind Grundwerte einer staatlichen Gemeinschaft, die der Menschenwürde angemessen ist.

- Die Grundrechte übersetzen die Grundwerte in einklagbare Verfassungsnormen. Allerdings lassen sich die Grundwerte nur verwirklichen, wenn sie auch gelebt werden. Die Bürger, unter ihnen die Christen, sollten sich deshalb fragen, wie sie diesen Grundwerten im alltäglichen Leben gerecht werden. Insofern stellt die freiheitliche Demokratie auch Anforderungen an das Verhalten der Menschen, die sie bilden. Der Staat des Grundgesetzes verlangt von seinen Bürgern nicht mehr, als daß sie seine Gesetze einhalten. Will er lebendig sein, so braucht er jedoch mehr: daß sie nicht nur nach dem Wortlaut, sondern auch nach dem Sinn der Gesetze fragen, daß sie sich kritisch und tolerant an der demokratischen Meinungs- und Willensbildung beteiligen, daß sie ihre Freiheit in möglichst vielen gesellschaftlichen Bereichen nutzen und praktizieren, daß das Streben nach Gerechtigkeit auch ihr persönliches Verhalten leitet und daß sie untereinander Solidarität üben.

- Auch die Grundrechte enthalten einen Appell an die Bürger. Wenn die Verfassung die freie Entfaltung der Persönlichkeit, Gleichberechtigung von Mann und Frau, Freiheit der Berufswahl oder Religionsfreiheit gewährleistet, politisch Verfolgten Asyl gewährt oder Ehe und Familie unter den besonderen Schutz der staatlichen Ordnung stellt, dann ist dies auch ein Appell an unser aller Lebensführung. Der staatliche Schutz der Grundrechte erhält erst dann seinen vollen Sinn, wenn die Bürger aus freien Stücken ihr Leben daran orientieren, die Grundrechte für sich selbst in Anspruch nehmen und im Mitmenschen immer auch den Träger von Grundrechten erkennen. Eine soziale Demokratie braucht Sozialgesetzgebung, aber eben auch soziale Gesinnung und Hilfsbereitschaft. Die Rechtsnormen der Verfassung sollen Verstöße gegen die Menschenwürde abwehren. Die Verwirklichung von Menschenwürde ist aber davon abhängig, daß die einzelnen Menschen sich diese Würde gegenseitig zubilligen ohne Ansehen ihrer Herkunft, ihrer Rasse oder ihres Geschlechts. Der rechtliche Schutz von Ehe und Familie verliert seine Bedeutung, wenn in der Gesellschaft lebendige Ehen und Familien zur Ausnahme werden. Die Teilung und Bändigung staatlicher Macht schafft allein noch nicht die nötigen Freiräume für eine freie Gesellschaft, wenn nicht auch Wirtschaft, Verbände, Großorganisationen oder Medien intern demokratischen Regeln folgen und nach außen ihre Macht auch da maßvoll nutzen, wo keine Rechtsnorm sie dazu zwingt.

– Die sozialethische Aufgabe, von der hier die Rede ist, erschöpft sich darum nicht in der Achtung der staatlichen Organisation und der Mitwirkung an ihr. Sie gilt dem Leben in der Gesellschaft, in der Eigenverantwortung der Bürger. Ein demokratischer Staat braucht eine ihm entsprechende demokratiebewußte Gesellschaft, die sich Grundentscheidungen der Demokratie zu eigen macht und aus ihnen lebt.

III. Die Demokratie vor den Herausforderungen der Gegenwart

1. Die Herausforderungen

Die Grundelemente der demokratischen Staatsform sind in Jahrhunderten entwickelt worden, als viele der uns heute bedrängenden gesellschaftlichen und politischen Probleme noch unbekannt waren. Diese werfen Fragen nach der Zukunft eines menschenwürdigen Lebens auf der Erde auf. Angesichts solcher aktueller Herausforderungen der Gegenwart, die hier nur exemplarisch genannt werden, ohne im einzelnen erörtert werden zu können, stellt sich die Frage, wie der demokratische Staat derartigen Problemen gewachsen ist.

- In den gesellschaftlichen Auseinandersetzungen um die Kernenergie, um die militärische Rüstung, um den Bau von Fernstraßen, Schiffahrtswegen und Flughäfen bekundet sich ein gewachsenes Bewußtsein für die Ambivalenz der wissenschaftlich-technischen Entwicklung. In weiten Teilen unserer Gesellschaft sieht man das Leben der Menschheit zunehmend bedroht. Die Eindämmung der gefährlichen Nebenfolgen wissenschaftlicher, wirtschaftlicher und technischer Erfolge ist zu einem vorrangigen Problem geworden. Zweifel an der Kontrollierbarkeit dieser Entwicklungen, z. B. der langfristigen Risiken der Nukleartechnik und anderer Großtechnologien oder der Gen-Technik verdichten sich zu Zweifeln gegenüber dem Instrumentarium der Demokratie.

  Mit der Unterdrückung und Ausbeutung der Natur werden unmittelbare Bedürfnisse der Gegenwart auf eine Weise befriedigt, die dem Lebensinteresse nachkommender Generationen zuwiderläuft. »Eine Generation kann ihren Gesetzen nicht die künftigen Generationen unterwerfen«, heißt es in Artikel 28 der Erklärung der Menschen- und Bürgerrechte zur französischen Verfassung vom 24. Juni 1793. Das Lebensinteresse der künftigen Menschheit hat in der Gegenwart keinen unmittelbaren eigenen Anwalt. Längerfristige Perspektiven als die der jetzt lebenden Generation stellen eine neue Herausforderung an die Demokratie dar. Sie ruft nach weitergehender Verantwortung, über den Interessenausgleich hier und heute hinaus.

- Die ökonomischen Probleme sowohl innerhalb der Industrienationen als auch in den Ländern der Dritten Welt verschärfen sich seit Jahren. Der neue Modernisierungsschub, der von der rasanten technischen Entwicklung ausgeht, und Strukturkrisen lassen Arbeitsplätze wegfallen und bewirken dann die Zunahme von Arbeitslosigkeit und individueller Armut in den Industrieländern des Westens. Hunger und Verelendung in den ärmsten Regionen der Erde schreiten fort. Die wirtschaftlichen Chancen in der Welt sind nach wie vor ungleich verteilt. Das sind Herausforderungen, denen sich die Gesellschaft, der Staat und die Staatengemeinschaft bisher nicht gewachsen gezeigt haben.

- Bislang wird die Herausforderung durch die freiheitsbedrohende Wirkung der modernen Informationstechniken viel zu wenig gesehen und beachtet. Infolge des verstärkten Einsatzes der neuen Techniken in allen Lebensbereichen können Bürger immer weniger abschätzen, wer was wann über sie weiß und verwendet. Daraus resultiert die große Gefahr, daß Frauen und Männer – vornehmlich Jugendliche – Grundrechte nicht mehr in Anspruch nehmen, um nicht aufzufallen. Dies aber träfe den demokratischen Staat im Mark; denn er kann ohne Bürger, die zum Engagement bereit sind, nicht existieren.
- Die beispiellose Hochrüstung in Friedenszeiten und die Strategie der nuklearen Abschreckung stehen in Spannung zum Selbstverständnis einer den Menschenrechten verpflichteten Demokratie und führen deshalb zu heftigen Auseinandersetzungen um die Zustimmungsfähigkeit der Sicherheitspolitik. Die enormen Kosten des Wettrüstens sind angesichts anderer nationaler und internationaler Aufgaben längst nicht mehr zu verantworten. Die Fortentwicklung der Rüstung ruft ständig neue Risiken hervor. Es ist bis jetzt nicht gelungen, einen Durchbruch zur Rüstungsbegrenzung und zur Abrüstung zu erreichen.

Dies alles sind Beispiele für eine Reihe von aktuellen Fragen zur politischen Entscheidung, die von anderer Art sind als der Ausgleich organisierter Interessen, für die das Instrumentarium des freiheitlichen demokratischen Rechtsstaats ursprünglich ausgebildet wurde.

2. Krise der Demokratie?

Führen solche neuen Herausforderungen eine Krise der Demokratie herbei? Hat die Demokratie zureichende Mittel, um die heute anstehenden Probleme zu verarbeiten? Solche Fragen werden gestellt und müssen gestellt werden. Ihre Klärung gibt Aufschluß, ob die demokratische Staatsform ihrem Auftrag genügen kann, menschenwürdiges Leben in einem weiten Sinne auch für die Zukunft zu wahren und zu fördern. Anzeichen für ein Ungenügen der bisherigen Entscheidungsinstrumentarien des Grundgesetzes oder gar eine Krise der Demokratie sollen deshalb nicht verdrängt, sondern beim Namen genannt werden.

- In einer Reihe akuter politischer Streitfragen wird staatlichen Instanzen das Recht streitig gemacht, Entscheidungen zu treffen und durchzusetzen: Aufstellung neuer Waffensysteme, Bau von Kernkraftwerken, Wiederaufbereitungsanlagen und Endlagerstätten für radioaktives Material, tiefe Eingriffe in die Landschaft zum Bau oder Ausbau von Autobahnen, Flughäfen und Wasserwegen, aber auch eine liberalere Gesetzgebung beim Schwangerschaftsabbruch.
- Auch wird gefragt, ob die normalen Entscheidungsverfahren der Demokratie zur Bewältigung der neuartigen Herausforderungen ausreichen. Der Mechanismus der Kompromiß- und Mehrheitsfindung führt notwendigerweise zur Vereinfachung komplizierter Probleme. Gegensätzliche Ängste bestimmen die Auseinandersetzungen und verstellen die Kompromißfähigkeit.
- Die neuen sozialen Bewegungen sind Indikatoren der globalen Überlebensprobleme. Sie bilden gewissermaßen deren Schatten: die Friedensbewegung, die Umweltschutzbewegung, die Anti-Kernkraftbewegung, die entwicklungspolitischen Aktionsgruppen und die Frauenbewegung.
- Den Parteien kommt die Funktion zu, politische Meinung zu bilden und zu vertreten sowie Entscheidungen herbeizuführen. Aber in den Parteien gibt es große Schwierigkeiten, neue Herausforderungen und ungewohnte Fragestellungen frühzeitig und nachdrücklich aufzunehmen. Oft sind sie im Interesse der Machterhaltung mehr an kurzfristigen Erfolgen als an langfristigen und unpopulären Perspektiven interessiert und versagen sich deshalb notwendigen Maßnahmen und Entwicklungen.
- Bürokratische Strukturen sind für den Bürger oft schwer durchschaubar, Zuständigkeiten überlagern einander und die Verwaltungsapparate erweisen sich häufig als wenig flexibel, wenn neue Sachverhalte auftreten, die rasches und pragmatisches Handeln erfordern. Entscheidungen und Maßnahmen werden in ihren Gründen vielfach nur unzureichend verständlich gemacht. Das gibt Grund zum Zweifel an der Fähigkeit der staatlichen Verwaltung, die fundamentalen Lebens- und Zukunftsprobleme zu bewältigen. In der Entwicklung moderner Technologien wird mit immer komplexeren und zum Teil immer gefährlicheren Stoffen und Verfahren gearbeitet, die um der Sicherheit von Mensch und Natur willen immer strengere Kontrollen in der Herstellung wie in der Verwendung der Produkte erfordern. Wirtschaftliche und politische Konkurrenz legen zudem

über viele Neuentwicklungen einen so dichten Schleier der Geheimhaltung, daß es immer schwerer wird, das öffentliche Interesse in demokratischer Form zur Geltung zu bringen.

- Eine Folge der bewußten Selbstbeschränkung der Macht in der Demokratie ist die begrenzte Steuerungsfähigkeit des Staates auf vielen Gebieten. Interessengruppen bilden ein sinnvolles Element, aber auch eine Herausforderung für die Demokratie. Der Einfluß der Massenmedien ist der staatlichen Kontrolle weitgehend entzogen. Wirtschaftliche und politische Macht wirken aufeinander ein: einerseits klagt die Wirtschaft über zu viele staatliche Fesseln; andererseits kann wirtschaftliche Macht politische Macht in ihren Dienst stellen. Vor allem erfahren die Politiker ihre Ohnmacht gegenüber mächtigen wirtschaftlichen Interessen und wirklichen oder angenommenen Sachzwängen. Solche Erfahrungen der Ohnmacht verleiten Politiker und Parteien, lösungsbedürftige und nur unter den Bedingungen der Sachzwänge unlösbare Probleme aus ihren Arbeitsprogrammen auszusparen oder sie zu verharmlosen.
- Demokratie zielt auf die Herstellung von Freiheit und Gerechtigkeit. Das schafft Hoffnungen und Erwartungen, legt zugleich aber auch den Grund für Enttäuschungen, da Freiheit und Gerechtigkeit immer nur in begrenztem Umfang auch verwirklicht werden können. Unterschiedliche Generationen haben unterschiedliche Erfahrungen mit der Demokratie gemacht. Für viele Ältere stellt sie eine große geschichtliche Errungenschaft dar, während die Jüngeren mit der demokratischen Staatsverfassung als einer Selbstverständlichkeit aufgewachsen sind. Im Blick auf die Vergangenheit und die weltweite Gegenwart sehen die einen unseren Staat als den besten an, den es je auf deutschem Boden gab, und unsere Verfassung als eine der liberalsten der Erde. Andere haben in erster Linie einen scharfen Blick für das, was in Staat und Gesellschaft verbesserungsbedürftig wäre.

Kritik und Auseinandersetzung um Sachfragen sind Grundelemente der Demokratie. Sie bilden eine wesentliche Voraussetzung für abgewogene Entscheidungen im Interesse aller unmittelbar und mittelbar Betroffenen; sie halten Korrektur und Revision von Entscheidungen offen. Denn es gibt auch Mehrheitsentscheidungen, die sich später als Fehlentscheidungen erwiesen haben. Aber in einer Reihe der umstrittensten Fragen der Gegenwart sind Korrekturen und Revision schwieriger, wenn nicht gar unmöglich geworden. Kontroversen über Fragen des Überlebens haben eine andere Qualität als Kontroversen über Verteilungsprobleme. Die Generation, die in ihrem Bewußtsein nach 1945 geprägt wurde, ist die erste, die im Schatten der Atombombe aufwuchs. Daher schwingen in den Auseindersetzungen über die sogenannten

Überlebensfragen geschichtlich neuartige Ängste und Wertvorstellungen mit, die nicht verharmlost werden dürfen. Im Umgang mit ihnen muß sich die Tragfähigkeit der demokratischen Entscheidungsverfahren ausweisen, soll der demokratische Grundkonsens gewahrt bleiben. Die Loyalität zum Staat kann in eine Krise geraten, wenn ihm die Kompetenz zur Lösung lebens- und zukunftsentscheidender Probleme nicht zugetraut wird.
Es stellt sich die Frage nach möglichen Alternativen. Die Lösung kann nicht in einer Abkehr vom parlamentarisch-demokratischen Rechtsstaat liegen. Das gilt selbst aus der Perspektive der neuen sozialen Bewegungen, welche die Kritik besonders nachdrücklich verkörpern. Auch wo es dem demokratischen Staat schwerfällt, Probleme zu lösen, hat er doch den unschätzbaren Vorteil, die öffentliche, freie Diskussion aller Probleme zu gewährleisten und so die Prüfung aller Lösungsmöglichkeiten zu ermöglichen.

3. Die Chancen einer lebendigen und entwicklungsfähigen Demokratie

Keine heute bekannte Staatsform bietet eine bessere Gewähr, die gestellten Probleme zu lösen, als die freiheitliche Demokratie. Deshalb bejahen wir diese Staatsform als Chance, die durch ernsthaftes Bemühen um Erfüllung und Weiterentwicklung der Demokratie genutzt werden muß. Die politische Ordnung ist verbesserungsfähig und bedarf laufend der Reform. Es gibt Schwächen und Mängel in unserem Staat. Den Verfassungsnormen zum Trotz haben sich in der Verfassungswirklichkeit Mißstände verfestigt. Die hohe Komplexität der Probleme steht den Wünschen nach einem einfachen Verfahren entgegen. Für Christen stellt sich damit die Aufgabe, dabei mitzuwirken, daß die Demokratie mit Leben erfüllt und so weiterentwickelt wird, daß sie neuen und neuartigen Fragen und Herausforderungen besser gerecht werden kann.

- Der Bürger begegnet dem Staat vorwiegend in der Verwaltung. Sie erscheint ihm aufgebläht, schwerfällig und undurchsichtig. Eingespielte bürokratische Verfahren können nur mit großem Kraftaufwand verändert werden. Zwar ist bei den im öffentlichen Dienst Tätigen das Bewußtsein dafür gewachsen, daß der Staat für den Bürger da ist und nicht umgekehrt. Aber es gibt auch noch obrigkeitliche Selbstherrlichkeit, mangelnde Sensibilität und kleinliche Handhabung von Vorschriften, die eigentlich das Recht der Bürger und auch der bei uns lebenden Ausländer schützen sollen.

- An die Träger politischer Mandate werden höhere Anforderungen gestellt als an die Bürger allgemein. Sie sind Repräsentanten der Ordnung des Rechts und der Demokratie und deshalb in herausgehobener Weise dafür verantwortlich, daß diese vertrauenswürdig bleibt. Wirtschaftliche Abhängigkeiten von Politikern sind deshalb sichtbar zu machen, die Transparenz der Parteienfinanzierung ist in vollem Umfang herzustellen.
- Seit den sechziger Jahren wurde in einigen Staaten Kritik am etablierten politischen System, an der »Elitendemokratie« geübt und auf Reformen und »Demokratisierung« gedrungen. Die Kritik galt der Unbeweglichkeit der Entscheidungsapparate, der Verfestigung der Parteien, dem Einfluß von Interessengruppen, der Pressekonzentration. Dem »Establishment« wurde die Tendenz zur Konsolidierung des im Wiederaufbau nach dem Kriege Erreichten und die Scheu vor sozialer und politischer Innovation angelastet. Daraus hat sich die Forderung nach stärkerer Beteiligung der Bürger an den politischen Entscheidungsprozessen ergeben. Durch die nur bescheidenen Reformen in diesem Bereich ist sie nicht erfüllt worden, sondern bleibt auf der Tagesordnung.

Besondere Erwartungen richten sich auf die Möglichkeiten, welche die demokratische Staatsform dem Einfluß der Bürger auf die politische Willensbildung einräumt. Der Prozeß der politischen Willensbildung ist das Herzstück einer freiheitlichen Demokratie. Deshalb hat die Frage, wie er über die erwähnten Formen politischen Engagements hinaus lebendiger gestaltet werden kann, außerordentliches Gewicht.

- Die Wahrnehmung des Demonstrationsrechtes ist eine legitime Form der Beteiligung von Bürgern am Prozeß der politischen Willensbildung. Es darf in der Demokratie nicht zum Schimpfwort werden, daß Politik »auf der Straße« gemacht wird.
- Als ein Mittel zur Erweiterung der Partizipationsmöglichkeiten sind im Streit um die Nachrüstung erneut Formen direkter Demokratie auch für das Grundgesetz in die Diskussion gebracht worden. Das Grundgesetz ist als demokratische Verfassung mit betont repräsentativem Charakter gestaltet worden. Der Blick in andere demokratische Staaten, aber auch in Länderverfassungen in der Bundesrepublik zeigt, daß mehr Elemente direkter Demokratie möglich sind, als das Grundgesetz sie kennt.
- Der Vorzug solcher plebiszitärer Verfahren ist es, in bestimmten Fragen von grundlegender Bedeutung den unmittelbaren Willen des Bürgers anders als bei Wahlen unvermischt mit anderen Motiven und Optionen zur Geltung zu bringen. Insbesondere bewirken und

erzwingen Volksbegehren und Volksentscheid eine frühere und intensivere öffentliche Diskussion der anstehenden Sachfragen. Ein Volksentscheid könnte die Entscheidung für die unterlegene Minderheit eher zumutbar machen. Volksbegehren und Volksentscheid bewirken die in der repräsentativen Demokratie immer wieder neu notwendige Rückkoppelung der Repräsentanten an das Volk. Die Bevölkerung könnte auch das Empfinden der Unbeeinflußbarkeit staatlicher Entscheidung ein Stück weit abbauen. Politische Beteiligung würde in einer neuen Weise erfahrbar gemacht.

- Zu bedenken ist freilich, daß in der heutigen Gesellschaft Volksbegehren und Volksentscheid in ähnlicher Weise wie Entscheidungen der Repräsentanten in Parlament und Regierung durch Parteien, Kirchen, Verbände bereits vorgeprägt und vorprogrammiert sind. Sollte der Volksentscheid in der jeweiligen politischen Situation wirklich neue reformerische Kräfte zur Wirkung bringen, so wäre eine tiefgreifende Veränderung in der Beherrschung unserer Gesellschaft durch Gruppen erforderlich.

- Der Volksentscheid zwingt sehr viel früher zu einer Aussonderung von Alternativen und zu einer stärkeren Reduzierung des Problems auf ein »Ja« oder »Nein«, als dies im parlamentarischen Willensbildungsprozeß, der auf Annäherung und Kompromisse angelegt ist oder sie zumindest eher zuläßt, der Fall sein kann. Deshalb ist im einzelnen Fall offen, ob ein Volksentscheid in lebenswichtigen Fragen die Belange des überstimmten Teils der Bevölkerung besser berücksichtigt als die Parlamentsentscheidung. Der Volksentscheid ist in der Regel nicht in ein Konzept aufeinander abgestimmter Maßnahmen und Entscheidungen eingebunden, wie sie die Parteien in ihren Programmen anbieten. Seine Durchführung kann daher zu Beeinträchtigungen anderer Sach- und Lebensbereiche führen, die keine zahlenmäßig erhebliche Gruppe ernsthaft will. Auch müßte geklärt werden, ob und wie lange eigentlich die parlamentarischen Organe an einen Volksentscheid gebunden sein sollen.

- So ergibt sich noch kein eindeutiges Bild bezüglich des Volksbegehrens und Volksentscheids auch auf Bundesebene.

Nicht alle Entscheidungen müssen auf der Ebene des Gesamtstaates vorbereitet und gefällt werden. Eine lebendige Demokratie braucht die Aktivierung der politischen Willensbildung auch auf Ebenen, die dem Bürger näher sind.

- Ein Vorschlag, die Transparenz der politischen Entscheidungen und die Bürgernähe zu vergrößern, zielt auf Dezentralisierung. Jahrelang schien Zentralisierung das Rezept zu sein, die Effizienz der Verwaltung zu erhöhen. Die Verwaltungsreformen der siebziger Jahre waren von diesem Gedanken bestimmt.

- Inzwischen ist die Einsicht gewachsen, daß der Rationalisierungseffekt erkauft wird durch eine Verminderung der Beteiligungs-und Identifikationsmöglichkeiten. Der Wegfall vieler Mandate im kommunalen Bereich hatte auch den Wegfall von Motiven zur Folge, persönlich öffentliche Verantwortung wahrzunehmen, sich informiert zu halten und Informationen weiterzuvermitteln. Verwaltungszentralen handeln formaler als Verwaltungsstellen, die den betroffenen Bürgern nahe sind.
- Es geht dabei nicht darum, möglichst kleine oder möglichst umfassende Verwaltungseinheiten zu haben. Es muß ein Gleichgewicht gefunden werden zwischen der Befriedigung funktionaler Erfordernisse und der Notwendigkeit möglichst großer Bürgernähe.

Erfüllung und Weiterentwicklung unserer Demokratie im Rahmen der Verfassung müssen sich vor allem an den grundlegenden Normen orientieren, die in den Grundrechten aufgestellt sind. Sollte der Katalog der verbindlichen Grundrechte erweitert werden?

- Ein Vorschlag zur Fortentwicklung der Demokratie zielt auf die Erweiterung des Grundrechtskataloges um sogenannte Schöpfungs- oder Fundamentalrechte. Hierbei wird insbesondere an den Schutz der natürlichen Lebensgrundlagen, den Schutz für die Kultur, die Ächtung von Massenvernichtungswaffen und das Recht auf Arbeit für jeden gedacht.
- Die in unserer Verfassung verankerten Grundrechte sind das Ergebnis jahrhundertelanger Auseinandersetzungen und Entwicklungen, in denen sich sowohl das Verständnis des Bürgers als auch das des Staates herausbildete, wie es unserem Grundgesetz zugrunde liegt. Der Nutzen einer Veränderung von Grundrechten muß sich an diesen Erfahrungswerten messen lassen.
- Selbstverständlich bedeutet das nicht den Abschluß der Entwicklung des Grundrechtskatalogs, zumal unter dem Grundgesetz die Rechtsprechung, insbesondere das Bundesverfassungsgericht, die Aufgabe der ständigen Ausformung der Grundrechte wahrnimmt. Neue Einsichten können wachsen, wenn sich neue Zielsetzungen einstellen. Der Eintritt ins nukleare Zeitalter könnte eine solche neue Voraussetzung geschaffen haben. Auch hat das wissenschaftliche Erkenntnisstreben in seiner modernen Gestalt dem Menschen Möglichkeiten eröffnet – und ist dabei, sie auszuweiten –, angesichts derer das Vertrauen in die Verantwortung der Forscher brüchig geworden

ist und der Ruf nach Rechtfertigung und Kontrolle solchen Forschens laut wird. Schon jetzt ist die Auseinandersetzung mit der Frage absehbar, ob es notwendig werden wird, Freiheiten einzuschränken, die einst mühsam, z.B. gegen religiöse Bevormundung, errungen werden mußten (Art. 5 Abs. 3 GG).

- Für die Beurteilung möglicher neuer Grundrechte ist die Frage nach der Rechtsverwirklichung entscheidend. Der Wert von Grundrechten leidet empfindlichen Schaden, wenn sie sich nicht gerichtlich durchsetzen lassen. So verpflichten mehrere Normen unserer Verfassung die im Staat Verantwortlichen auf das Ziel, dem Bedarf der Bürger entsprechende Beschäftigungsmöglichkeiten zu schaffen. Es gibt in unserer Verfassung aber kein einklagbares Recht auf Arbeit. Es sollte erst geschaffen werden, wenn erkennbar ist, wie es praktisch durchgesetzt werden könnte.

Die Demokratie lebt davon, daß die Bürger den Auftrag des Staates zu ihrer eigenen Angelegenheit machen. Die Einstellung der Menschen zu ihrer politischen Existenz ist deswegen ein wichtiger Faktor, wo es darum geht, die Demokratie mit Leben zu erfüllen.

- In einer pluralistischen Gesellschaft gibt es immer unterschiedliche Meinungen und Interessen, die zu vielfältigen Konflikten führen. Eine demokratische Gesellschaft muß konfliktfähig sein. Konflikte dürfen nicht verdrängt und unterdrückt werden; sie müssen öffentlich ausgetragen werden. Öffentlicher Konfliktaustrag erfordert aber, daß die Auseinandersetzungen sachlich geführt werden und daß die Konfliktpartner sich am Ziel eines Konsenses oder eines Kompromisses orientieren.
- Eine Voraussetzung sachlicher öffentlicher Auseinandersetzung ist die Befähigung breiter Mehrheiten, sich an ihr zu beteiligen. Dies bedingt einerseits die Notwendigkeit politischer Bildung. Andererseits erfordert es eine differenzierte Publizistik. Vor allem aber müssen sich Politiker, Parteien und Experten darum bemühen, daß sich nicht ganze Gesellschaftsschichten – von Wahlen abgesehen – faktisch von der Beteiligung an der öffentlichen Meinungs- und Urteilsbildung ausgeschlossen fühlen. Die Frage ist berechtigt, ob sich alle Schichten unseres Volkes mit ihren Anliegen im Parlament angemessen repräsentiert finden.
- Eine verbreitete Tendenz zum Rückzug ins Private wird noch verstärkt durch Ohnmachtserfahrungen bei gelegentlichem politischen Engagement. Politiker und Parteien dürfen darin keinen zusätzlichen Freiraum für durch Bürgerinteresse und -kritik unbehelligte Aktivitäten sehen. Sie müssen vielmehr die Gefahr solchen Rück-

zugs aus der Mitträgerschaft des demokratischen Staates erkennen. Und sie sollten daraus die Aufgabe ableiten, sich um die Resignierenden und Enttäuschten zu kümmern, und zwar ebenso durch Aufklärung wie durch glaubhafte politische Arbeit in den Bereichen, deren Zustand zur Resignation und Enttäuschung Anlaß gegeben hat.

4. Anforderungen an uns selbst

In dieser Denkschrift werden Grundlinien eines evangelischen Verständnisses des demokratischen Staates und seiner aktuellen Probleme dargestellt. In diesem Bezugsrahmen muß sich unsere christliche Mitverantwortung vollziehen. Die Lebendigkeit der Demokratie beruht auf der offenen Diskussion und Auseinandersetzung über strittige Fragen. Sie bedarf aber auch eines tragenden Grundkonsens. Zu beidem haben Christen und Kirchen einen Beitrag zu leisten. Gerade der freiheitliche Rechtsstaat ist empfindlich. Er kann innerlich ausgehöhlt oder bis zur Perversion formalisiert werden, wenn er nicht durch ein demokratisches Bewußtsein und eine Ethik der Rechtsbefolgung getragen wird.

- Die Kirche begleitet den Staat in seinem Auftrag und die Christen in ihrer politischen Existenz; aber sie tritt nicht an die Stelle des Staates und nimmt den Christen nicht ihre Verantwortung als Bürger ab. In der Fürbitte begleitet die Kirche den weltlichen Auftrag des Staates auf geistliche Weise. In der Verkündigung gibt sie menschlicher Verantwortung ein geistliches Fundament. Politische Überzeugung und christlicher Glaube sind nicht identisch. Damit Leben und Handeln in der menschlichen Freiheit bleiben, auf welche die Demokratie gründet, muß die Kirche über diesen befreienden Unterschied wachen.
- Christen verstehen ihre politische Existenz als den ihnen von Gott zugewiesenen Beruf im Alltag der Welt, sei es als Bürger und Wähler, Mitglieder einer Partei oder Mandatsträger. Deshalb sind sie bereit, konstruktiv an der offenen demokratischen Diskussion teilzunehmen und einen demokratischen Grundkonsens immer neu zu erarbeiten und zu befestigen, innerhalb dessen nach dem Maß menschlicher Einsicht der politische Streit, auch unter Christen, ohne Schaden ausgetragen werden kann. Sie sind bereit, neue Herausforderungen zu erkennen und diese in der Bereitschaft zu neuen Wegen, zu Opfern, aber auch zu Kompromissen anzunehmen. Dazu sehen sich Christen berufen, weil sie ihren Auftrag von Gott darin erkennen, für die Würde des Menschen und darum für Freiheit und Gerechtig-

keit einzutreten. Das Eintreten für die Freiheit des Gewissens gehört unverzichtbar zum Erbe des Protestantismus. Deshalb wird die evangelische Kirche Respekt und Schutz gerade denen nicht verweigern können, die nach gewissenhafter Prüfung auch persönliche Risiken auf sich nehmen, um vor Entwicklungen zu warnen, die sie für verhängnisvoll halten.

- Die Kirche hat nicht die Funktion, dem einzelnen Christen die Entscheidungen, die er als Bürger zu treffen hat, abzunehmen. Es ist jedoch ihre Aufgabe, ihm bei der Meinungs- und Urteilsbildung zu helfen. Dabei kann sie keine andere Autorität in Anspruch nehmen als die Überzeugungskraft ihrer Sachargumente und, gemäß ihrer Tradition, der Gründe aus Schrift und Bekenntnis. Die Kirche soll in den großen Entscheidungsfragen der Gesellschaft nach Möglichkeit klare und eindeutige Orientierungspunkte angeben. Wo es jedoch nur um geeignete Wege geht, sollte die Autorität des geistlichen Amtes nicht zum Instrument eines politischen Willens gemacht werden. Die Gemeinsamkeit im Glauben ist nicht identisch mit politischem Konsens. Verkündigung und Seelsorge leben von geistlicher Freiheit. Damit diese nicht verletzt wird, müssen die Christen als Glieder der Kirche dafür Sorge tragen, daß in umstrittenen Fragen politischer Einschätzung die Gemeinschaft des Glaubens nicht Schaden nimmt.
- Für Christen und für kirchliche Amtsträger ist auch die Gemeinschaft in der Kirche der Ort, an dem sie sich auf die Mitverantwortung für den demokratischen Staat theologisch und geistlich besinnen. Wenn sich Christen Rechenschaft über die oft verschiedene Sicht ihrer politischen Verantwortung geben, sollen sie sich bewußt sein, daß es sich bei diesen Fragen in der Regel nicht um letzte Dinge, sondern um den Bereich des „Vorletzten" (Dietrich Bonhoeffer) handelt. Deshalb soll die Form, in der diese Rechenschaft verlangt oder gegeben wird, den Respekt vor den Mitchristen zum Ausdruck bringen. Auch innerhalb der Kirche soll die Mitverantwortung für die Demokratie auf demokratische Weise, in Achtung von Pluralität und Wahrung der Toleranz, wahrgenommen werden.
- Insbesondere kann und darf die Zugehörigkeit zur Kirche durch unterschiedliche Gewissensurteile in konkreten Fragen der politischen Existenz nicht gegenseitig abgesprochen werden. Gemeinden, Kirchenvorstände und Pfarrer, bei denen dieser Dissens aufbricht, müssen sich deshalb genau prüfen, daß sie ihm nicht die Gemeinschaft des Glaubens und der Liebe, der Sakramente und des Gottesdienstes aufopfern, sondern ihn vielmehr im Wissen um diese für die Identität der Kirche allein maßgebliche Gemeinschaft ertragen. Es

sollte nicht versucht werden, durch Gewissensbedrängnis und Verurteilung und durch entsprechende Beschlüsse in der Kirche einen Streit zu entscheiden und zu beenden, der auf politische Weise nicht entschieden ist und den als Dissens im Glauben zu entscheiden die Kirche keine äußeren Mittel der Ordnung und des Rechts hat.

- Auch der kirchliche Amtsträger ist ein Staatsbürger und hat als solcher gleiche Rechte und Pflichten wie jeder andere Christ und Bürger. Er steht aber zugleich in einer besonderen Pflicht zur Verkündigung des Evangeliums und zur Seelsorge und vertritt die Kirche. In dieser doppelten Funktion muß er seine Handlungen sorgfältig unterscheiden und ist um seines Amtes willen zu parteipolitischer Zurückhaltung verpflichtet. Er darf nicht die Kirche für seine persönlichen Entscheidungen in Anspruch nehmen. Er muß darüber hinaus prüfen, ob er sich nicht bei der Wahrnehmung seiner staatsbürgerlichen Rechte im Einzelfall um seines Verkündigungsauftrages willen zurückzuhalten hat. Aber er ist auch als Amtsträger nicht nur ausführendes Organ, sondern hat im Rahmen seiner Amtsverpflichtung eine eigenständige Verantwortung für die Bezeugung der christlichen Wahrheit wahrzunehmen. Es gibt Grenzfälle, wo ein Amtsträger durch sein an Gottes Wort gebundenes Gewissen dazu gedrängt wird, auch ohne Rückendeckung durch seine Kirche und gegen die in ihr herrschende Ansicht zu handeln. Dafür muß er Rechenschaft ablegen und die Verantwortung übernehmen. Die Kirche aber hat bei ihren Reaktionen die Bedrängnis zu bedenken, die den Amtsträger zum Handeln veranlaßt hat.

Mit anderen Bürgern und Politikern nehmen wir evangelische Christen die Demokratie als Angebot und Aufgabe an und scheuen auch nicht die Konflikte, die entstehen, wo Positionen und Überzeugungen klar vertreten werden. Sie müssen in einem demokratischen Gemeinwesen ausgetragen werden. Die Kirche hat gegenüber dem Staat und anderen Institutionen die Aufgabe, in Grundfragen des Gemeinwesens ihre Stimme zu erheben, Orientierung zu geben und den politischen Prozeß kritisch zu begleiten. Sie darf in konkreten Fällen den Konflikt mit dem Staat und der Öffentlichkeit nicht scheuen. Als Christen wie als Kirche vertrauen wir darauf, daß unsere Mitverantwortung und unsere Mitwirkung in der Demokratie begleitet ist vom Segen des Herrn, der seine Welt und die Menschen in ihr nicht allein läßt.

Mitglieder der Kammer der Evangelischen Kirche in Deutschland für Öffentliche Verantwortung (1985)

Dr. Helmut Begemann, Vizepräsident, Bielefeld
Johann Philipp Frhr. von Bethmann, Publizist, Frankfurt
Heinz Georg Binder, Prälat, Bonn
Dr. Axel Frhr. von Campenhausen, Staatssekretär a. D., Professor, Hannover
Dr. Erhard Eppler, Bundesminister a. D., Stuttgart
Lieselotte Funcke, Minister a. D., Bundesbeauftragte für die Integration ausländischer Arbeitnehmer, Bonn
Dr. Dietrich Goldschmidt, Professor, Berlin
Martin Grüner, Parlamentarischer Staatssekretär, Bonn
Dr. Roman Herzog, Vizepräsident des Bundesverfassungsgerichts, Professor, Karlsruhe
Dr. Martin Honecker, Professor, Bonn
Dr. Wolfgang Huber, Professor, Heidelberg
D. Dr. Hermann Kunst, DD, Bischof i. R., Bonn
Dr. Ruth Leuze, Landesbeauftragte für den Datenschutz, Stuttgart
Dr. Hans Philipp Meyer, Vizepräsident i. R., Hannover
Konrad Porzner, Staatssekretär a. D., MdB, Bonn
Dr. Trutz Rendtorff, Professor, München, (Vorsitzender)
Paul Rieger, Kirchenrat, München
Dr. Klaus Schlaich, Professor, Bonn
Dr. Jürgen Schmude, Bundesminister a. D., MdB., Bonn
Friedrich Vogel, Staatsminister, Bonn
D. Erwin Wilkens, Vizepräsident i. R., Hannover
Dr. Horst Zilleßen, Universitätspräsident, Oldenburg

Geschäftsführer:
Rüdiger Schloz, Oberkirchenrat, Hannover